Alix Lefief-Delcourt est rédactrice pour de nombreux médias et l'auteur de best-sellers aux éditions Quotidien Malin dont *Le chlorure de magnésium malin* et *Yaourts inratables*.

Découvrez la bibliographie complète de l'auteur sur :
www.editionsleduc.com/alix-lefief-delcourt

Et retrouvez-la sur son blog : **blogmalindalix.fr**

Maquette : Émilie Guillemin
Illustrations : Fotolia

une marque des éditions Leduc.s
17, rue du Regard
75006 Paris – France
ISBN : 979-10-285-0019-1

ALIX LEFIEF-DELCOURT

MES PETITS YAOURTS MAISON

5 recettes de coulis à télécharger ! Rendez-vous en dernière page

QUOTIDIEN MALIN
ÉDITIONS

Sommaire

Introduction

Depuis quelques années, les yaourts maison ont la cote. La preuve : après le succès de *Yaourts inratables*, sorti il y a quelques années, voici enfin la suite ! Au menu : de nouvelles recettes de yaourts (testées et approuvées), mais aussi plein d'idées pour réaliser des fromages blancs et des desserts lactés très gourmands. Car aujourd'hui, fini la simple yaourtière : les fabricants proposent désormais des machines qui permettent de varier les plaisirs ! Yaourts nature ou aromatisés, au lait de vache, de chèvre ou de soja, fromages blancs, faisselles, petits-suisses, emprésurés au chocolat ou au café, crèmes aux œufs, à la vanille ou au caramel… C'est sûr, vous allez régaler toute votre famille avec vos petits desserts maison.

Les 5 bonnes raisons de succomber aux yaourts, fromages blancs et desserts lactés maison

1. C'est superfacile !

Il suffit de mélanger quelques ingrédients, de verser le tout dans les petits pots et de laisser la machine faire son travail. Et il est même possible de préparer ces recettes sans yaourtière-fromagère !

2. Vous allez faire des économies.

Pour moins de deux euros, voici huit délicieux yaourts, fromages blancs ou desserts lactés maison. Qui dit mieux ?

3. Vous maîtrisez (enfin !) ce que vous mangez.

On dit non aux épaississants, colorants, édulcorants, conservateurs, arômes artificiels… présents dans de nombreux produits laitiers du commerce. Les vôtres sont 100 % sains, et même 100 % bio si vous le voulez.

4. Vous préservez la planète.

Finis les pots de yaourt vides qui s'accumulent dans vos poubelles. Quand on sait que chaque Français consomme en moyenne plus de 170 pots de yaourts par an (source : Insee, 2007), cela fait réfléchir. Surtout quand on est quatre à la maison ! Désormais, vous pouvez recycler à l'infini vos pots en verre ou en plastique. Préserver l'environnement, cela commence souvent par des petits gestes tout simples…

5. Et vous vous régalez !

Une fois que vous serez tombé dans la marmite des yaourts et fromages blancs maison, vous ne pourrez plus en ressortir. Les produits laitiers du commerce vous paraîtront tellement fades à côté des vôtres.

PARTIE 1

TOUS LES SECRETS DE FABRICATION

Les yaourts

Qu'est-ce que le yaourt ?

Le yaourt est **du lait fermenté à l'aide de bactéries lactiques**. Pour se développer, celles-ci ont besoin d'être portées à une température comprise entre 37 et 45 °C, pendant quelques heures. Le lait épaissit, fermente et donne naissance au yaourt. Un processus très facile à reproduire à la maison !

Dans le commerce, les seuls produits qui peuvent porter le nom de « yaourt » sont les laits fermentés à base de **deux bactéries spécifiques** : *Streptococcus thermophilus* et *Lactobacillus bulgaricus*. Les « yaourts » au bifidus (lait fermenté avec du *Bifidobacterium longum*) n'ont donc pas le droit d'apposer ce nom sur leur étiquette. On les appelle alors tout simplement « laits fermentés ». En pratique, à la maison, vous pourrez fabriquer aussi bien de « vrais » yaourts que des laits fermentés au bifidus, ou avec d'autres bactéries. Tout dépend du ferment que vous utilisez.

Bien choisir ses ingrédients

Le lait

C'est l'ingrédient de base du yaourt maison. De sa qualité dépendent le goût et la texture de vos yaourts.

Théoriquement, on peut préparer ses yaourts avec **du lait entier, demi-écrémé ou écrémé**. En pratique, vous constaterez rapidement, si vous faites l'essai, que plus le lait est gras (et donc entier), plus le yaourt est ferme. Ainsi, avec du lait entier, le yaourt est épais, onctueux et bien crémeux. Avec le lait demi-écrémé, il est plus léger, mais aussi plus liquide. Quant au yaourt préparé avec du lait écrémé, il faudra y ajouter du lait en poudre ou du lait concentré pour obtenir un minimum de texture.

Le plus simple, et le plus pratique, est d'utiliser **du lait UHT** (celui que l'on trouve dans les grandes surfaces, hors du rayon frais). Mais rien ne vous empêche de les préparer avec du lait cru ou frais. Au contraire : vous verrez que vos yaourts seront encore plus goûteux !

Attention, n'utilisez **pas de lait « sans lactose »,** car c'est justement le lactose qui permet la fermentation, et donc l'obtention du yaourt.

LAIT CRU, FRAIS, UHT... : QUELLES DIFFÉRENCES ?

Le lait cru (reconnaissable à son bouchon jaune) n'a subi aucun traitement. Il doit être conservé au frais et consommé dans les 72 heures. Il faut le porter à ébullition avant de l'utiliser afin de tuer les germes éventuels.
Le lait frais pasteurisé est vendu au rayon frais. Il a été porté à environ 70 °C pendant une vingtaine de secondes. Il se conserve au frais pendant une semaine.
Le lait frais microfiltré est également vendu au rayon frais et se conserve au réfrigérateur une quinzaine de jours. Il a été filtré pour ôter les micro-organismes et les bactéries indésirables. →

Le lait UHT est vendu hors du rayon frais. Il a été porté à Ultra Haute Température (140 à 150 °C) pendant quelques secondes. Il se conserve environ 3 mois. Une fois ouvert, il faut le conserver au frais et le consommer dans la semaine.

On peut aussi réaliser de délicieux yaourts avec **d'autres laits animaux que celui de la vache : lait de chèvre, de brebis...** Pour fermenter le lait, vous pouvez opter pour un yaourt de chèvre, de brebis ou même de vache (la fermentation se fera quand même). Sachez que le lait de chèvre donne un yaourt assez liquide. Si vous désirez un yaourt plus ferme, il est préférable de le couper avec du lait de vache (moitié-moitié).

Vous pouvez également préparer des yaourts **avec du lait de soja**, nature ou aromatisé (à la vanille par exemple) : vous obtiendrez des yaourts très onctueux et riches en goût. Mais il faut aimer la saveur bien particulière du soja...

Prudence en revanche avec les autres « laits » végétaux (lait de riz, d'amandes, de coco, de quinoa...). Ce ne sont pas des « laits », mais plutôt des jus de végétaux. Résultat : ils ne fermentent pas. En revanche, vous pouvez ajouter un peu de lait végétal à vos yaourts au lait de vache pour les aromatiser, par exemple du lait de coco ou du lait d'amandes.

Les ferments

Pour faire fermenter le lait, vous avez besoin de ferments ou bactéries lactiques. Vous pouvez utiliser l'une de ces options :

Un yaourt du commerce

Choisissez un yaourt dont la texture et le niveau d'acidité vous plaisent. De lui dépendra le goût de vos futurs yaourts. Si vous voulez obtenir des yaourts fermes, sélectionnez **un yaourt de qualité, non brassé et nature de préférence**. Pour obtenir des yaourts au bifidus, choisissez un yaourt de base au bifidus. Si vous voulez obtenir un yaourt plus liquide et légèrement acide, enrichi en *Lactobacillus casei*, optez pour l'une de ces petites bouteilles vendues dans le commerce... Tout est possible !

ASTUCE !

Vérifiez la date limite de consommation du yaourt. Pour que les ferments soient les plus actifs possibles, il faut que le yaourt soit très frais. Choisissez donc un yaourt dont la date limite de consommation est la plus éloignée possible.

Un yaourt maison de votre tournée précédente

C'est la solution la plus simple et la plus économique. À chaque tournée de yaourts, vous en conservez un qui vous sert, ensuite, à fermenter la tournée suivante. On appelle cela **le repiquage**. Il doit s'agir d'un yaourt nature ou légèrement aromatisé (vanille, par exemple), mais n'utilisez pas de yaourt à la confiture ! Attention : il n'est pas conseillé de repiquer à partir de yaourts préparés avec du lait cru ou pasteurisé, même bouilli. Autre conseil : refaites une nouvelle tournée dans les trois à quatre jours maximum après fabrication. Sinon, les ferments risquent de ne plus être suffisamment actifs.

ASTUCE !

Le repiquage ne fonctionne pas à l'infini. N'utilisez pas plus de cinq ou six fois un yaourt issu de votre fabrication, car les ferments perdent en efficacité. Si vos yaourts commencent à être trop liquides ou acides, c'est le signe que les ferments ne sont plus assez actifs. Dans ce cas, utilisez un yaourt du commerce ou des ferments en poudre.

Des ferments spécial yaourt

De nombreuses marques se sont lancées sur le créneau des ferments spécial yaourts, sous forme de poudre ou liquide. Ils sont vendus **au rayon frais ou dans les rayons des aides à la pâtisserie** (avec la levure, les arômes…), dans les grandes surfaces, les magasins bio, les pharmacies… Certains ferments sont aromatisés, à la vanille ou aux fruits ; d'autres permettent de faire des yaourts au soja, des yaourts brassés ou au bifidus (qui est, rappelons-le, une bactérie lactique particulière)… Pour le dosage, fiez-vous aux instructions fournies par le fabricant.

ASTUCE !

Sachez que les ferments « spécial yaourt » sont vendus assez cher, et qu'un yaourt du commerce ou fait maison fait tout aussi bien l'affaire ! Vous pouvez aussi utiliser ces ferments pour votre première tournée, puis réaliser les suivantes (une dizaine environ) avec un yaourt de votre précédente tournée.

Un sachet de ferments lactiques

Si vous voulez vous régaler et en même temps vous faire du bien, optez pour les ferments lactiques en sachet (probiotiques) ! Les avantages : ce sont des mélanges de ferments lactiques soigneusement sélectionnés pour leurs vertus et ils sont présents en grand nombre. D'où un yaourt bien ferme, et excellent pour la santé !

LES PROBIOTIQUES, DES BACTÉRIES AMIES

Les deux bactéries spécifiques au yaourt, *Streptococcus thermophilus* et *Lactobacillus bulgaricus*, font partie de la famille des « bactéries amies » ou « probiotiques ». Selon la définition officielle, un probiotique est « un micro-organisme vivant, bactérie ou levure, qui, consommé en quantité suffisante, exerce des effets positifs sur la santé, au-delà des effets nutritionnels traditionnels ». Son rôle : rétablir l'équilibre de la flore intestinale et, par là même, agir sur le système immunitaire et le bien-être en général, mais aussi prévenir et traiter de multiples troubles.

Les produits riches en probiotiques, comme les yaourts, sont donc particulièrement conseillés à tous ceux qui souffrent de troubles digestifs, de rhumatismes, de surpoids, de cystites, mais aussi aux fumeurs, aux insomniaques, aux personnes stressées et fatiguées, à celles qui suivent un traitement antibiotique…

Il faut également savoir qu'aujourd'hui, certains produits laitiers vendus dans le commerce sont enrichis avec d'autres bactéries amies, aux propriétés spécifiques : *Bifidobacterium* (bifidus), *Lactobacillus casei*… Les premières sont indiquées contre les troubles du transit et les diarrhées ; les secondes ont un effet bénéfique sur les défenses immunitaires.

Pour en savoir plus, lire *Le grand livre des probiotiques et des prébiotiques*, Danièle Festy, éditions Quotidien Malin.

Les autres ingrédients

Le lait et les ferments sont les ingrédients de base du yaourt. En fonction de vos goûts, vous pouvez ensuite le sucrer, l'aromatiser, y ajouter des petits morceaux de fruits ou de biscuits… Tout est permis, à condition de respecter ces quelques précautions, essentielles à la réussite de vos yaourts maison.

✓ Si vous voulez réaliser des yaourts sucrés, vous pouvez bien sûr utiliser du sucre en poudre classique. Mais pensez aussi **aux nombreuses alternatives** : le sucre de canne, le rapadura (sucre complet), le miel, le sirop d'érable, le sirop d'agave, la stévia (un édulcorant naturel)… Autant d'idées pour varier les plaisirs !

✓ **L'ajout de confiture est une manière simple et rapide d'aromatiser ses yaourts.** Tous les parfums sont permis et deux techniques sont possibles : vous pouvez déposer la confiture dans le fond des pots, ou la diluer dans la préparation lait + ferments. Pour faciliter la dilution, vous pouvez faire tiédir le lait. Attention à bien le laisser refroidir avant d'y ajouter les ferments.

✓ **Les arômes liquides sont également très pratiques** pour donner du goût à vos yaourts : vanille, citron, café, caramel, mais aussi abricot, châtaigne, réglisse, myrtille, fraise des bois, nougat, pain d'épices, coco… Prudence sur le dosage : quelques gouttes suffisent !

✓ Autre solution : **les sirops de fruits**, qui donnent des yaourts bien parfumés à condition de ne pas en mettre trop. Comptez quatre cuillères à soupe de sirop par litre de lait.

✓ Vous pouvez aussi **ajouter du cacao ou du chocolat en poudre** dans vos yaourts. Mais sachez que vous obtiendrez un yaourt parfumé au chocolat, et non une crème dessert. Mieux vaut vous prévenir, et donc vous éviter la déception !

✓ **Pensez aussi aux épices**, comme la vanille, la cannelle, la fève tonka ou la cardamome, qui apportent une saveur originale. Attention cependant au dosage, car cela peut vite devenir écœurant. Vous pouvez les ajouter directement dans la préparation lait + ferments (pour les épices en poudre) ou les faire infuser dans le lait chaud (pour les épices entières comme la gousse de vanille, le bâton de cannelle, les graines de cardamome...).

✓ Vous pouvez aussi **miser sur les huiles essentielles,** par exemple de citron ou d'orange. Diluez-en 6 à 8 gouttes maximum dans une cuillère à soupe de miel avant de l'ajouter dans votre préparation lait + ferments.

✓ **Prudence si vous voulez incorporer des fruits frais dans vos yaourts :** certains les rendent acides, voire les font complètement tourner ! Dans tous les cas, évitez les fruits acides comme les framboises, les agrumes, les abricots ou certaines variétés de pommes : faites-les cuire au préalable (ou bien utilisez des fruits en conserve, qui ont macéré dans le sucre). Évitez également les fruits qui rendent beaucoup d'eau, comme le melon et la pastèque. Autre astuce, valable pour les agrumes : faire infuser le lait chaud avec des zestes d'orange, de citron...

ET LES ARÔMES SPÉCIAL YAOURTS ?

Certains fabricants de yaourtières proposent des préparations en poudre pour aromatiser les yaourts maison. Ceux-ci contiennent généralement du sucre, du lait en poudre et un arôme. Non seulement ces produits sont très chers (environ 2,50 euros la boîte pour aromatiser 1 litre de lait), mais ils contiennent aussi souvent des conservateurs, des acidifiants ou des colorants... totalement inutiles. Les yaourts maison, on les préfère au naturel !

Yaourtière : mode d'emploi

Pour faire ses yaourts maison, la technique la plus simple, c'est la yaourtière. Populaire dans les années 1970, cette machine était un peu tombée dans l'oubli, avant de redevenir très tendance depuis quelques années. L'avantage par rapport aux autres techniques de fabrication : elle garantit une chaleur maîtrisée et constante (entre 41 et 45 °C), essentielle à la réussite des yaourts maison.

Comment bien choisir sa yaourtière

Aujourd'hui, on trouve des yaourtières à tous les prix, d'une vingtaine d'euros à près de 100 euros.

Les modèles les plus simples ne proposent que l'option yaourtière. Ce sont bien sûr les moins chers.

Suite au succès des yaourtières, les fabricants d'électroménager proposent désormais **le combiné yaourtière-fromagère**. Pratique quand on veut aussi pouvoir préparer facilement des fromages blancs et des fromages frais maison.

Les modèles les plus perfectionnés associent **yaourtière, fromagère et cuisson à la vapeur**, ce qui permet de préparer des crèmes desserts, des petits gâteaux, des œufs cocotte... D'autres associent yaourtière-fromagère avec machine à pain et à confitures et cuiseur à riz ou céréales !

Pour bien choisir le modèle de yaourtière qu'il vous faut, prenez en compte ces critères :

- ✓ **Les desserts que vous voulez préparer :** yaourts uniquement ? Yaourts et aussi fromages blancs ? Éventuellement des petits crèmes en plus, car vous êtes très gourmands ?
- ✓ **Le nombre de pots :** une yaourtière permet, en général, de préparer entre six et douze pots individuels (de 125 ml). Si vous êtes célibataire, le modèle six pots peut suffire. Si vous avez quatre bouches à nourrir à la maison, c'est le grand format qu'il vous faut. Certaines machines proposent aussi un grand bac pour préparer son yaourt ou son fromage blanc en version familiale, d'autres des pots de taille intermédiaire (250 ml). Sur certaines machines, vous pouvez aussi préparer des yaourts en petites bouteilles, type yaourts à boire.
- ✓ **Le matériau des pots :** certains sont en verre, d'autres en plastique. À vous de choisir ce que vous préférez. *À noter :* dans certaines yaourtières, vous pouvez mettre n'importe quel type de pots. Sur d'autres modèles, vous ne pouvez insérer que les pots de la marque. Une info importante à prendre en compte : la plupart du temps, on est en effet amené à racheter une série de pots.
- ✓ **Les options proposées par la machine :** arrêt automatique, affichage du temps restant, sonnerie pour indiquer la fin du cycle de cuisson, compartiment range-couvercles, nombre de pots fournis, etc.

La recette de base

INGRÉDIENTS POUR 8 YAOURTS
1 litre de lait ; 1 pot de yaourt du commerce OU 1 yaourt de votre précédente fournée OU des ferments ; les ingrédients de votre choix (facultatif).

1. Mélangez le yaourt ou les ferments avec un peu de lait de manière à bien le/les délayer. Puis ajoutez le reste de lait.
2. Versez le mélange dans les pots.

3. Mettez la yaourtière en marche (entre 8 et 14 heures, voir ci-dessous).
4. Une fois les yaourts prêts, on les referme et on les met au frais.

Il existe aussi des variantes, en fonction des ingrédients que vous voulez ajouter :

✓ **Avant de mélanger le lait et le yaourt :** on peut chauffer le lait afin d'y faire infuser des épices par exemple, ou d'y faire fondre des biscuits ou des bonbons. Attention : il est important de toujours laisser refroidir le lait avant d'y ajouter les ferments. Ceux-ci ne doivent jamais être chauffés, et le lait doit être à température ambiante pour faire le mélange.

✓ **Lors du mélange :** on peut ajouter divers ingrédients : sucre, arômes, confiture…

✓ **Avant de verser le mélange dans les pots :** on peut verser dans le fond des pots de la confiture, par exemple.

Petits conseils pratiques

✓ On le rappelle : pour que les ferments fassent correctement leur travail, **tous les ingrédients doivent être à température ambiante**. On veille à sortir le yaourt, le lait, la confiture… du réfrigérateur au moins 30 minutes avant. Et on laisse refroidir le lait si on l'a fait chauffer au préalable.

✓ **Adaptez le temps de cuisson** en fonction de votre yaourtière (tous les modèles ne fonctionnent pas exactement de la même façon), et en fonction du résultat désiré. Plus le cycle de cuisson est long, plus le yaourt est ferme. Mais attention, il ne faut pas le laisser chauffer trop longtemps non plus, car sinon il tourne ! En général, il faut entre 8 et 14 heures de chauffe pour un yaourt qui a de la consistance (pas un yaourt à boire).

✓ Une fois que la yaourtière est en route, **veillez à ne pas la déplacer.** Pensez également à l'éloigner des sources de vibrations, des courants d'air… : c'est essentiel pour la réussite de vos yaourts. Et résistez à l'envie de soulever le couvercle de votre machine pour tester la fermeté de vos yaourts.

L'astuce en + : préparez vos yaourts dans la soirée, laissez fonctionner la machine toute la nuit, et vos yaourts seront prêts le lendemain matin.

✓ Une fois que vos yaourts sont prêts, **mettez-les au frais et patientez au moins 4 heures avant de les déguster**. Mais sachez qu'ils seront meilleurs au bout de deux jours. Vous pourrez les conserver au total entre 8 et 10 jours.

FAIRE CHAUFFER LE LAIT OU PAS ?

• **Si vous utilisez du lait cru**, il est indispensable de le faire bouillir afin d'éliminer les germes. Pensez à bien le laisser refroidir avant de le mélanger au yaourt ou aux ferments. Le lait pasteurisé doit également être porté à ébullition avant utilisation (pas besoin de le laisser bouillir). Seul le lait stérilisé UHT peut être utilisé sans chauffage préalable. À noter : il est déconseillé de repiquer à partir de yaourts préparés avec du lait cru ou pasteurisé, même bouilli.

• Le lait peut aussi être chauffé, voire porté à ébullition **pour faciliter l'incorporation de certains ingrédients** (chocolat, biscuits…) ou pour faire infuser le lait (vanille, épices, thé…). Ensuite, il est indispensable de le laisser refroidir avant d'ajouter le yaourt ou les ferments.

• Certains adeptes des yaourts maison préconisent de **faire systématiquement bouillir le lait** (qu'il soit cru ou non) avant de le laisser refroidir, puis d'y incorporer le reste des ingrédients. Il est vrai que cela donne des yaourts à la consistance un peu plus ferme. Mais si vous n'avez pas le temps de réaliser cette étape supplémentaire, vous pouvez la zapper, car il existe d'autres techniques, plus rapides, pour épaissir vos yaourts (voir p. 27). →

• Vous pouvez **laisser le lait refroidir complètement ou jusqu'à une température comprise entre 35 et 38 °C**. Pour cela, utilisez un thermomètre ou trempez votre doigt (propre !) dans le lait. Si vous ne ressentez rien de particulier, il est suffisamment tiède.

Les variantes

Avec une yaourtière, on peut préparer autre chose que des yaourts bien fermes.

Les yaourts à boire

La seule différence entre les yaourts classiques et les yaourts à boire est leur temps de fermentation. Pour obtenir une consistance liquide, prévoyez 6 heures de chauffe avec une yaourtière. Évidemment, on évite d'ajouter des ingrédients destinés à raffermir les yaourts, comme le lait en poudre, le lait concentré, la crème fraîche... Et on utilise de préférence du lait demi-écrémé et non entier. Dernier conseil : les fabricants de yaourtières vendent des petites bouteilles en plastique avec bouchon spécialement conçues pour préparer des yaourts à boire. Elles sont très pratiques : on les secoue et on boit directement au goulot ou à la paille. Voir nos recettes p. 93.

Les yaourts à la grecque

Il suffit de mélanger du lait et des ferments, comme pour les yaourts classiques. La différence : après fermentation, on laisse égoutter le yaourt pendant plusieurs heures (mieux vaut donc disposer d'une yaourtière-fromagère, car on peut utiliser les petites faisselles fournies pour préparer des fromages blancs). Résultat : une texture bien dense. Le yaourt à la grecque traditionnel est préparé avec du lait de brebis. En France, ceux que l'on trouve dans le commerce sont généralement faits avec du lait de vache, puis additionnés de crème pour leur donner de l'onctuosité. Voir nos recettes p. 65 à 69.

Les laits emprésurés

C'est simplement du lait que l'on a fait cailler avec de la présure (produit que l'on utilise dans la fabrication des fromages blancs, voir p. 33). On les appelle aussi d'ailleurs simplement caillés ou caillebottes. Résultat : une texture semi-liquide et légère, à mi-chemin entre le yaourt et la crème dessert. On peut préparer des laits emprésurés nature, ou avec des parfums très gourmands (caramel, café, fleur d'oranger...), avec du lait de vache, de chèvre, de brebis... Voir nos recettes p. 101.

Les autres techniques de fabrication

Vous n'avez pas de yaourtière ? Peu importe, il existe d'autres techniques pour fabriquer ses yaourts maison. Toutes ces méthodes utilisent le même principe : il s'agit de maintenir une chaleur modérée, mais constante, pendant une dizaine d'heures afin que les yaourts fermentent. Sachez que ces méthodes sont plus aléatoires que la yaourtière : il faut faire plusieurs essais afin de trouver la bonne méthode, la bonne température, le bon temps de chauffe... En effet, toute la difficulté est de réussir à maintenir une température idéale comprise entre 41 et 45 °C (c'est précis), sans jamais descendre en dessous de 40 °C ni dépasser 50 °C.

À la Cocotte-Minute ou à l'autocuiseur

Versez un fond d'eau (4 cm environ) dans la Cocotte-Minute et faites chauffer l'eau jusqu'à 45 °C environ. Placez les pots en verre remplis de la préparation lait + ferments, préalablement fermés avec un morceau de papier aluminium. Refermez vite la Cocotte-Minute et patientez 10 heures minimum. Pas besoin de la remettre sur le feu : la chaleur emmagasinée suffit à la prise des yaourts. Au besoin, si elle refroidit trop vite, vous pouvez la remettre sur le feu quelques minutes afin que le fond d'eau réchauffe. Une fois les yaourts pris, mettez-les au frais.

Au four

Il existe plusieurs méthodes pour que votre four reste à une température approximative de 40-45 °C pendant plusieurs heures. L'idéal : préchauffez le four sur thermostat 2 pendant une trentaine de minutes, puis éteignez-le, disposez les pots (placés dans un bain-marie avec de l'eau à 45 °C environ), fermez la porte, et attendez toute une nuit. Autre solution : profitez que votre four soit encore tiède, après la cuisson d'un plat, pour faire vos yaourts.

À noter : les fours sont très différents selon les modèles. Vous aurez sûrement besoin de plusieurs essais avant de trouver le temps de préchauffage idéal.

Au cuit-vapeur (ou avec un panier vapeur)

Remplissez votre réservoir d'eau. Faites chauffer pendant une quinzaine de minutes puis débranchez votre cuit-vapeur. Posez vos yaourts remplis de la préparation lait + ferments. Remettez le couvercle, et laissez incuber pendant une dizaine d'heures.

Pour le panier vapeur, le principe est le même : faites chauffer l'eau puis, hors du feu, mettez les yaourts dans le panier et laissez-les fermenter pendant une dizaine d'heures.

Au cuiseur à riz

Versez une mesure d'eau dans la cuve et faites-la bouillir. Débranchez l'appareil puis déposez vos pots de yaourt remplis de la préparation lait + ferments. Fermez à l'aide du couvercle et attendez une nuit.

Dans une boîte en polystyrène

Récupérez une grande boîte en polystyrène avec un couvercle (par exemple chez votre poissonnier) et lavez-la soigneusement avant utilisation. Versez-y un fond d'eau chauffée à 45 °C. Placez vos yaourts remplis de la préparation lait + ferments. Fermez le couvercle et attendez toute une nuit. L'été, la chaleur ambiante suffit à maintenir une température de fermentation correcte. L'hiver, vous pouvez approcher votre boîte d'un radiateur ou l'entreposer dans la pièce la plus chaude de la maison.

Dans une couverture polaire

Ici encore, le but est de conserver la chaleur afin que les ferments se développent correctement. Dans ce cas, il faut amener le lait à 40-45 °C. Après avoir ajouté les ferments et les arômes, on verse la préparation dans un récipient avec couvercle (par exemple une soupière) que l'on enveloppe soigneusement avec une couverture polaire. Il suffit ensuite d'attendre 12 heures.

Au soleil !

En été, utilisez la chaleur solaire. Mettez vos pots de préparation dans une boîte fermée (ou dans votre yaourtière, non branchée) et exposez-la au soleil pendant quelques heures. C'est totalement gratuit et très écolo !

Un problème ? Une solution !

Mes yaourts sont trop liquides

C'est le problème classique lorsque l'on débute dans la fabrication de yaourts maison. Sachez tout d'abord que les yaourts maison sont toujours moins fermes que les yaourts du commerce. Mais certains facteurs peuvent aussi empêcher vos yaourts de fermenter correctement : ferments de base de mauvaise qualité, utilisation de lait écrémé, temps de chauffe trop court, yaourtière soumise à des vibrations… Au fil du temps et des fournées, vous apprendrez à éviter tous ces problèmes.

Les solutions

✓ Vérifiez la date de péremption du yaourt ferment que vous avez utilisé : elle doit être la plus éloignée possible. Quand les ferments sont trop vieux, ils sont moins actifs. Si vous avez utilisé un yaourt de votre précédente tournée, ses ferments ne sont peut-être plus assez actifs : utilisez un yaourt du commerce lors de la prochaine fournée.

✓ Préparez vos yaourts avec du lait entier, ils seront plus fermes. Évitez le lait écrémé.

✓ Si vous avez utilisé du lait de chèvre ou de brebis, vos yaourts seront logiquement moins fermes. La meilleure solution est de remplacer la moitié du lait de chèvre ou de brebis par la même quantité de lait de vache.

- ✓ Vous pouvez aussi ajouter un ingrédient qui rendra vos yaourts plus épais. De préférence du lait concentré (10 à 20 cl pour 1 litre de lait) ou de la crème fraîche épaisse (2 à 3 cuillères à soupe pour 1 litre de lait). Prudence en revanche avec le lait en poudre, qui rend la texture du yaourt élastique et filandreuse.
- ✓ Faites bouillir votre lait avant de le mélanger, une fois refroidi, aux ferments.
- ✓ Augmentez légèrement le temps de chauffe de la yaourtière. Mais pas trop non plus, sinon vos yaourts risquent d'être trop acides.
- ✓ Assurez-vous que votre yaourtière est à l'abri des courants d'air et des vibrations (ne la posez pas sur un réfrigérateur par, exemple).
- ✓ Attendez deux à trois jours avant de déguster vos yaourts : ils gagneront légèrement en fermeté.

Mes yaourts sont acides

Vos yaourts ont une bonne tenue mais un goût désagréable. C'est sûrement une question de ferments, d'ingrédients supplémentaires ou de temps de chauffe.

Les solutions

- ✓ Vos yaourts ont peut-être tourné, car ils ont été chauffés trop longtemps. Réduisez le temps.
- ✓ Changez de yaourt ferment : certains sont plus doux, d'autres plus acides… et cela se répercute sur le goût du produit final.
- ✓ Évitez d'ajouter des fruits qui rendent beaucoup d'eau, comme le melon, le kiwi… ou d'utiliser des fruits acides crus.
- ✓ Ajoutez un peu de crème fraîche dans votre mélange.

Mes yaourts sont filandreux

Vos yaourts ont une texture bizarre, légèrement élastique, voire gluante. N'auriez-vous pas ajouté du lait en poudre pour les épaissir ?

Les solutions

✓ Si vous voulez obtenir des yaourts plus fermes, oubliez le lait en poudre et remplacez-le par de la crème fraîche ou du lait concentré, sucré ou non. Vous obtiendrez des yaourts fermes et onctueux.

✓ Vous pouvez aussi essayer de changer de yaourt de base ou préparer vos yaourts avec un autre lait (entier, bio, frais…).

Mes yaourts se séparent en plusieurs couches

Si vous préparez des yaourts agrémentés de fruits, de biscuits ou d'autres ingrédients, c'est un problème courant. Les ingrédients les plus lourds tombent au fond du pot, et une couche plus liquide surnage. Pas très appétissant !

Les solutions

✓ Prenez le temps de mélanger soigneusement les ingrédients. Utilisez un fouet et n'hésitez pas à battre le mélange longuement.

✓ Pour favoriser la bonne dissolution des ingrédients dans le mélange lait + ferments, faites chauffer légèrement le lait (par exemple pour le chocolat, la purée d'amandes, les biscuits…). Si nécessaire, filtrez la préparation refroidie avant d'y ajouter les ferments.

✓ Si vous utilisez de la noix de coco ou des amandes en poudre, préférez la méthode de l'infusion : ajoutez la poudre dans le lait chaud et laissez reposer une heure environ avant de filtrer. Plus de petits grains, donc plus de risques qu'ils se séparent du lait. La texture de votre yaourt sera homogène, mais il aura tout de même une délicate saveur de coco ou d'amande.

Les fromages blancs

Qu'est-ce que le fromage blanc ?

Le fromage blanc est un lait fermenté et coagulé. **Dans la méthode traditionnelle**, on laisse simplement le lait cru à température ambiante pendant plusieurs heures. Grâce aux bactéries naturellement présentes dans le lait, le lactose est dégradé progressivement : la matière se sépare en deux. D'un côté, les protéines coagulées du lait forment une masse blanche qui tombe au fond du récipient : c'est le caillé. De l'autre, un liquide surnage : c'est le petit-lait ou lactosérum. Ensuite, il faut égoutter ce caillé pour éliminer le petit-lait, qui est la partie liquide. On utilise pour cela un récipient ou un linge percé de trous, la faisselle, qui a donné son nom au fromage du même nom. **Aujourd'hui, on utilise plus couramment du lait pasteurisé, que l'on fait cailler avec de la présure ou du jus de citron.** On obtient ainsi un fromage frais, que l'on peut faire égoutter plus ou moins longtemps, fouetter, additionner de crème ou mouler.

Dans la grande famille des fromages blancs, on trouve donc :

✓ *Le fromage blanc fermier :* il est obtenu à partir de lait cru (que l'on fait préalablement bouillir).

✓ *La faisselle :* c'est un fromage blanc légèrement égoutté, et présenté tel quel, sans lissage.

✓ *Le fromage blanc battu :* il est égoutté puis fouetté pour le rendre lisse. Dans l'industrie agroalimentaire, on utilise une lisseuse pour obtenir une texture bien onctueuse.

✓ *Le petit-suisse :* c'est un fromage blanc longtemps égoutté. Il est donc plus compact et plus sec, car moins riche en eau, que le fromage blanc classique. Dans l'industrie agroalimentaire, il est ensuite pressé, moulé et entouré d'un papier buvard qui finalise l'égouttage.

YAOURT, FROMAGE BLANC ET INTOLÉRANCE AU LACTOSE

Les yaourts et les fromages blancs contiennent peu de lactose. Voilà pourquoi ils peuvent être consommés sans problème par les personnes intolérantes au lactose, qui digèrent mal le lait « normal ». Dans le yaourt, le lactose a été transformé en acide lactique. Dans le fromage blanc, il est éliminé dans le petit-lait.

Bien choisir ses ingrédients

Le lait

Les conseils pour le choix du lait sont les mêmes que dans la partie Yaourts (voir p. 11). Les spécificités pour le fromage blanc sont les suivantes :

- ✓ **Plus le lait est gras, plus on obtient de fromage blanc en quantité.** En effet, comme il est moins riche en eau, on obtient moins de petit-lait, et donc plus de fromage blanc. Cela va quasiment du simple au double entre un lait écrémé et un lait entier !
- ✓ **Plus le lait est gras, plus le fromage blanc est savoureux**.
- ✓ Si vous le pouvez, **optez pour du lait cru** (que vous ferez bouillir pour éliminer les germes), qui coagule plus facilement que le lait UHT.
- ✓ **Le lait frais (pasteurisé) donne un résultat plus ferme** que le lait UHT, même entier. À utiliser donc si vous voulez réaliser des faisselles à démouler.

✓ Comme pour les yaourts, vous pouvez également utiliser **du lait de chèvre, de brebis, ou bien de soja.** Il faut également savoir que lait de chèvre donne davantage de petit-lait que le lait de vache.

La présure

Pour faire cailler le lait, on utilise traditionnellement de **la présure, qui donne des fromages blancs bien fermes et doux en goût**. Il en faut très peu : environ 4 gouttes pour 1 litre de lait. Elle s'achète dans les pharmacies ou en magasin bio, sous forme liquide ou en poudre, en tube, en flacon ou en sachets. Elle se conserve à l'abri de la lumière, de préférence au réfrigérateur.

LA PRÉSURE, QU'EST-CE QUE C'EST ?

La présure est une enzyme naturellement présente dans l'estomac des jeunes ruminants (veau, chevreau, agneau…). Elle leur permet de mieux digérer le lait en accélérant son caillage. On utilise aussi cette présure dans la fabrication des produits laitiers (fromages blancs, fromages à pâte pressée…), pour faire cailler le lait rapidement. Généralement, la présure vendue aux particuliers, en pharmacie ou en magasin bio, est de la présure de veau. Vous pouvez l'utiliser sans problème pour préparer vos fromages blancs avec d'autres laits que le lait de vache (lait de brebis ou de chèvre). Sachez que les présures d'agneau ou de chevreau ne sont généralement vendues qu'aux professionnels de l'industrie fromagère !

Remarque : La présure est d'origine animale, elle ne convient donc pas aux végétariens et végétaliens. Dans ce cas, préférez les autres solutions : jus de citron ou vinaigre.

On peut aussi utiliser, à la place de la présure, l'un des deux « caille-lait » naturels suivants, qui donnent généralement un fromage blanc légèrement plus acide.

✓ **du jus de citron frais**. La bonne dose est d'une cuillère à soupe environ par litre de lait. Évitez d'utiliser du jus de citron vendu en bouteille dans le commerce : il contient souvent autre chose que du jus de citron (eau, pulpe de citron, jus d'orange, extraits naturels, huiles essentielles…) : vos fromages blancs risquent de ne pas avoir le goût ni la texture que vous recherchez.

✓ **du vinaigre.** Utilisez uniquement du vinaigre blanc, et comptez 2 cuillères à soupe pour 1 litre de lait.

Les ferments

Les ferments lactiques sont des bactéries sélectionnées qui permettent d'augmenter la durée de conservation de votre fromage blanc en limitant le développement des micro-organismes nuisibles. Pour cela, on peut utiliser, au choix :

✓ **deux grosses cuillères à soupe de fromage blanc** fait maison ou du commerce (battu ou en faisselle) ;

✓ **un petit-suisse** maison ou du commerce ;

✓ **le petit-lait récupéré** lors de la fabrication précédente (2 à 3 cuillères à soupe pour 1 litre de lait pasteurisé, 1 cuillère à soupe si vous utilisez du lait cru).

À noter :

✓ Si vous utilisez un fromage blanc ou un petit-suisse maison, veillez à ce qu'il n'ait pas été fait depuis plus de 3 ou 4 jours (les ferments sont moins actifs quand ils vieillissent). Si vous optez pour un fromage blanc ou un petit-suisse du commerce, vérifiez que la date de péremption est la plus éloignée possible. C'est important pour que vos fromages blancs prennent bien.

✓ La technique du repiquage ou de la régénération (utiliser un fromage blanc de la tournée précédente pour ensemencer la nouvelle) ne fonctionne pas à l'infini : cinq fois maximum. Dès que la texture de vos fromages blancs ne vous convient plus, changez de ferments de base.

ET LES FERMENTS SPÉCIAL FROMAGE BLANC ?

En pharmacie et dans les magasins bio, vous pouvez trouver des ferments spécial fromage blanc (marques Lactaline et NatAli). Ceux-ci se présentent sous forme de poudre, en sachet, ou en version liquide. Ils contiennent tout ce qu'il faut pour transformer le lait en fromage blanc, à savoir de la présure ainsi que des ferments spécifiques au fromage blanc (*Lactococcus lactis*, *Lactococcus cremoris*, *Lactococcus diacetylactis*...).

Les autres ingrédients

Contrairement aux yaourts maison, **il est déconseillé d'ajouter des ingrédients dans le lait** lors de la préparation des fromages blancs : cela empêcherait la bonne coagulation du lait, ainsi que son égouttage. La seule chose « autorisée » est d'aromatiser le lait avant l'ajout de la présure, par exemple en y ajoutant de la vanille liquide, en y faisant infuser une épice (gousse de vanille, bâton de cannelle, graines de cardamome...) ou bien des herbes fraîches (comme la menthe, par exemple). Vous pouvez également sucrer votre préparation avec du sucre en poudre, par exemple. Pour tous les autres ingrédients (confiture, coulis de fruits, morceaux de fruits, miettes de biscuits...), vous pouvez les ajouter sans problème, mais seulement une fois le fromage blanc prêt.

Fromagère : mode d'emploi

Pour faire ses fromages blancs, la méthode la plus simple (et la plus rapide) est d'utiliser une fromagère. L'avantage : la préparation lait + présure + ferments est chauffée à température constante. En 12 à 16 heures, vous obtenez des fromages blancs fermes et crémeux à la fois, alors qu'il ne faut pas moins de deux jours pour la recette traditionnelle, sans machine. De plus, les fromagères électriques modernes vous simplifient la tâche : les pots sont déjà équipés de faisselles en plastique permettant d'égoutter le caillé.

Bien choisir sa fromagère

On trouve sur le marché deux grands types de fromagères :

✓ **les fromagères simples,** qui ne permettent de faire que des fromages blancs.

✓ **les fromagères-yaourtières,** qui permettent de préparer des yaourts et des fromages blancs dans la même machine : ce sont aujourd'hui les plus courantes sur le marché. Certaines machines plus perfectionnées proposent également un mode de cuisson vapeur pour réaliser des petites crèmes dessert en quelques minutes.

Pour bien choisir la machine qu'il vous faut, soyez vigilants sur les détails suivants :

✓ **le nombre de pots, leur matière et les options proposées** par la machine. Sur ces points, les critères sont les mêmes que pour le choix d'une yaourtière (voir p. 48).

✓ Sur une fromagère, **l'option « bac familial »** (pour préparer 1 kg de fromage blanc environ) se révèle particulièrement utile. L'égouttage se fait souvent mieux dans une grande faisselle que dans des petits. Et puis, vous n'avez qu'un bac à vider : c'est moins fastidieux !

La recette de base

INGRÉDIENTS POUR 8 FROMAGES BLANCS DE 100 G ENVIRON
1 litre de lait ; 2 belles c. à s. de fromage blanc OU 1 petit-suisse OU 2 à 3 c. à s. de petit-lait ; 4 gouttes de présure OU 1 c. à s. de jus de citron frais OU 2 c. à s. de vinaigre blanc.

1. Dans un saladier, mélangez le petit-suisse ou le fromage blanc ou le petit-lait avec un peu de lait, de manière à bien le diluer. Versez le reste du lait et la présure ou le jus de citron ou le vinaigre. Mélangez (délicatement si vous utilisez de la présure, car elle est fragile).
2. Versez la préparation dans les pots munis de leur faisselle (en position basse, c'est-à-dire sans égouttage). Mettez les pots sans leur couvercle dans la machine et fermez-la.
3. Mettez la fromagère en marche (entre 12 et 16 heures, voir p. 38). Si vous utilisez une yaourtière-fromagère, pensez à bien choisir le mode fromage blanc.
4. Une fois le cycle de chauffe terminé, éteignez la machine et retirez les pots. Tournez les faisselles d'un quart de tour de manière à ce qu'elles soient en position relevée et que le petit-lait s'égoutte. Mettez les pots au frais pendant 15 minutes. Si vous voulez un fromage blanc plus sec, augmentez le temps d'égouttage (voir p. 40).
5. Videz le petit-lait. Remettez les faisselles en position basse et refermez les pots avec les couvercles. Placez vos fromages blancs au frais pendant au moins 4 heures.
6. Dégustez vos fromages blancs tels quels ou en les battant au préalable avec une fourchette de manière à ce qu'ils soient bien lisses.

ET AVEC LES FERMENTS EN SACHET ?

Si vous utilisez des ferments en sachet (qui contiennent déjà de la présure), mélangez d'abord le contenu du sachet avec 2 cuillères à soupe de lait, puis ajoutez le reste de lait avant de verser la préparation dans les pots. Suivez ensuite les étapes listées ci-dessus. Pour la quantité de ferments nécessaires pour 1 litre de lait, suivez les indications du fabricant.

Petits conseils pratiques

✓ **Le temps de chauffe idéal varie en fonction de nombreux facteurs** : qualité de votre lait et de vos ferments, machine utilisée, etc. Au final, comptez entre 12 et 16 heures. Sachez que plus le temps de chauffe est long, plus votre fromage blanc sera ferme. Il vous faudra sûrement plusieurs essais avant de trouver le temps idéal pour obtenir la consistance que vous désirez.

✓ **Concernant le temps d'égouttage,** vous pouvez le prolonger pour obtenir des fromages frais type petits-suisses (voir recette p. 125). Pensez simplement à vider le petit-lait régulièrement. Vous pouvez également faire quelques entailles dans le fromage blanc pour accélérer son égouttage.

✓ **Pour obtenir un fromage blanc bien humide, ne jetez pas tout le petit-lait** obtenu après l'égouttage. Laissez la faisselle tremper dans le petit-lait : votre fromage blanc conservera ainsi son humidité.

✓ **Les quantités de ferments et de présure sont données à titre indicatif.** Pensez à regarder ce qu'indique la notice de votre machine. Au fil de vos tournées, vous pourrez adapter vous-même les quantités, en fonction de la texture que vous préférez.

✓ **L'égouttage du fromage blanc se fait au frais**, pas à température ambiante. C'est important pour stopper la fermentation.

✓ Lors du mélange, **veillez à ce que le lait soit à température ambiante.** Il ne doit pas être trop froid : pensez à le sortir du réfrigérateur 30 minutes avant.

✓ **Le petit-lait et la présure** sont fragiles. Soyez délicat lorsque vous les mélangez avec le reste des ingrédients : pour assurer une prise optimale, ne battez surtout pas la présure.

✓ Une fois que la fromagère est en route, **veillez à ne pas la déplacer.** Pensez également à l'éloigner des sources de vibrations, des courants d'air… Comme pour les yaourts, préparez de préférence vos fromages blancs le soir. Ils seront prêts à être égouttés le lendemain matin.

✓ Une fois que vos fromages blancs sont égouttés, mettez-les au frais et **patientez au moins 4 heures avant de les déguster**. Vous pourrez les conserver au total entre 8 et 10 jours.

UN FROMAGE BLANC SANS PRÉSURE, C'EST POSSIBLE ?

On peut préparer son fromage blanc **sans présure, ni jus de citron ni vinaigre blanc**. Il suffit de mélanger du lait et des petits-suisses. Comptez 4 petits-suisses pour 1 litre de lait. Le fromage blanc obtenu aura une texture plus liquide, moins crémeuse.

QUE FAIRE AVEC LE PETIT-LAIT OU LACTOSÉRUM ?

Le petit-lait, rappelons-le, est le liquide qui s'écoule lors de l'égouttage de vos fromages blancs. Ne le jetez pas car il peut vous servir…

• **comme ferment** dans votre prochaine tournée de fromages blancs ;

→

• **comme complément alimentaire :** ce liquide est riche en lactose, protéines, vitamines et minéraux. Un vrai cocktail de bonne santé pour les personnes qui manquent de vitamines et de minéraux. Attention, il est déconseillé aux personnes souffrant d'une intolérance au lactose (sucre du lait), car il en contient beaucoup ;
en remplacement du lait dans les brioches, les crêpes maison... Ou en remplacement de l'eau dans les pains maison. Il donne une mie plus aérée et une croûte plus croustillante. Le pain se conserve aussi plus longtemps* ;
• comme ingrédient pour la fabrication maison de certaines spécialités fromagères, notamment la ricotta, un fromage italien.

Sachez que le petit-lait se conserve deux à trois jours au réfrigérateur. Si vous prévoyez de l'utiliser plus tard, la meilleure solution est de le congeler, par exemple dans des bacs à glaçons.

Le saviez-vous ? Dans l'industrie agroalimentaire, on utilise le petit-lait pour préparer des boissons très riches en protéines à destination des sportifs, afin de favoriser la récupération musculaire. Mais aussi pour préparer certains laits en poudre pour les bébés, fabriquer certains biscuits ou fromages fondus. Plus étonnant encore, l'industrie s'y intéresse également, pour la fabrication de bioéthanol, un biocarburant pour les voitures !

*Source : *Pains et brioches inratables*, du même auteur, avec Estelle Lefief, aux éditions Quotidien Malin.

Les variantes

On l'a vu, la fromagère sert à préparer des fromages blancs plus ou moins égouttés, des petits-suisses... On peut également l'utiliser pour préparer des petits fromages affinés. Le fromage blanc est en effet le stade numéro un dans la préparation des fromages. Le principe ? On laisse égoutter le caillé plus longtemps afin qu'il devienne bien sec. Ensuite, on sale le fromage et on le laisse s'affiner dans une cave pendant plusieurs jours, semaines ou mois, en le salant et en le retournant régulièrement. Ce qui permet la formation d'une croûte, et permet d'obtenir une pâte au goût plus ou moins prononcé.

La méthode traditionnelle

On peut aussi préparer son fromage blanc sans machine. Les ingrédients et les quantités sont les mêmes que pour la recette avec fromagère. Pour égoutter votre caillé, vous aurez besoin d'une « faisselle ». Pour cela, utilisez une passoire fine recouverte d'un tissu de coton très fin ou de plusieurs compresses.

La marche à suivre est la suivante :

- ✓ Faites chauffer le lait entre 33 et 35 °C. C'est précis : il est conseillé d'utiliser un thermomètre de cuisson.
- ✓ Hors du feu, ajoutez les autres ingrédients (fromage blanc ou petit-suisse ou petit-lait + présure ou jus de citron ou vinaigre) et mélangez. Couvrez avec un torchon propre. Laissez reposer entre 24 et 48 heures dans une pièce chauffée.
- ✓ Vérifiez la texture du caillé : il est prêt quand il forme une masse solide et que du petit-lait surnage.
- ✓ Prélevez le caillé à l'aide d'une louche et déposez-le délicatement dans la « faisselle ». Laissez reposer entre 1 et 3 heures, le temps que le petit-lait s'écoule.
- ✓ Versez le caillé dans un pot bien fermé et mettez-le au frais. Vous pouvez aussi le fouetter pour obtenir une texture plus lisse.

Un problème ? Une solution !

Mes fromages blancs sont trop compacts

Pas facile, au début, de trouver la consistance idéale ! Si vous trouvez que le fromage blanc obtenu est trop compact à votre goût, c'est peut-être une question de dosage des ingrédients ou d'égouttage. À moins que cela ne soit lié à une fermentation trop longue.

Les solutions

- ✓ Mettez moins de présure, de jus de citron ou de vinaigre dans la préparation.
- ✓ Égouttez le fromage blanc moins longtemps.
- ✓ Réduisez le temps de chauffe.

Mes fromages blancs sont trop liquides

Vous pouvez également avoir le problème inverse : vos fromages blancs sont trop liquides à votre goût. Rassurez-vous : les solutions sont simples.

Les solutions

- ✓ Changez de marque de fromage blanc de base. Et/ou utilisez un fromage blanc dont la date de péremption est la plus éloignée possible, afin que le fromage blanc « prenne » mieux.
- ✓ Le repiquage ou régénération n'est peut-être plus assez efficace. Optez pour un fromage blanc ou un petit-suisse du commerce.
- ✓ Mettez un peu plus de présure, de jus de citron ou de vinaigre dans la préparation.
- ✓ Augmentez le temps de fermentation.

- ✓ Égouttez davantage votre fromage blanc. Éliminez une partie du petit-lait lors de l'égouttage.
- ✓ Faites attention à ne pas bouger ou ouvrir la machine pendant le cycle de chauffe.

Mes fromages blancs n'ont pas du tout pris

Votre préparation a passé une dizaine d'heures dans la machine. Et elle a toujours le même aspect : on dirait du yaourt, elle ne se démoule pas du tout.

Les solutions

- ✓ La présure est sûrement trop vieille. Vérifiez sa date de péremption et, si nécessaire, changez-en.
- ✓ Utilisez une autre marque de fromage blanc ou de petit-suisse. Vérifiez que la date de péremption est la plus éloignée possible.
- ✓ Le repiquage ou régénération n'est peut-être plus assez efficace. Optez pour un fromage blanc ou un petit-suisse du commerce.

Mes fromages blancs n'ont pas bon goût

Si vous trouvez que vos fromages blancs sont amers et/ou trop citronnés, c'est sûrement que vous avez mal fait votre dosage. Et que le lait est devenu trop acide.

Les solutions

- ✓ Réduisez la quantité de jus de citron, de vinaigre ou de présure.
- ✓ Réduisez le temps de chauffe.

Mes fromages blancs sont granuleux

La texture de vos fromages blancs vous déçoit : ils sont plein de grumeaux.

Les solutions

✓ Pour rattraper votre fromage blanc, battez-le énergiquement afin de le lisser.

✓ Le ferment est peut-être trop ancien, et le repiquage ou régénération n'est peut-être plus assez efficace. Si vous utilisez un yaourt ou fromage blanc du commerce, vérifiez que sa date de péremption est la plus éloignée possible.

✓ Veillez à bien diluer le fromage blanc ou le petit-suisse avec le lait.

✓ Réduisez le temps de chauffe de votre machine.

J'ai laissé mes fromages blancs égoutter trop longtemps

Résultat : ils sont compacts et secs !

Les solutions

✓ Ajoutez du petit-lait (si vous l'avez conservé lors de l'égouttage) et battez votre fromage blanc : il retrouvera toute son onctuosité. À défaut de petit-lait, vous pouvez utiliser du lait, de la crème, un fromage blanc du commerce…

✓ Laissez-les s'affiner à l'air libre pendant quelques jours : ils se transformeront en délicieux fromages frais !

Les desserts lactés

Pourquoi un chapitre sur les desserts lactés dans un ouvrage consacré aux yaourts et aux fromages blancs ? Parce que les fabricants d'électroménager ne sont jamais à court d'idées, et qu'on trouve aujourd'hui sur le marché des yaourtières-fromagères (enfin, une seule pour l'instant, mais parions que des marques concurrentes se lanceront, elles aussi, sur le créneau), qui font les trois : yaourts, fromages blancs et desserts lactés. Vous avez une machine qui ne fait « que » des yaourts et des fromages blancs ? Pas d'inquiétude, vous pourrez aussi préparer vos petits desserts lactés autrement, et tout aussi facilement !

Une grande famille

Dans la grande famille des desserts lactés, on s'intéresse ici uniquement à ceux qui nécessitent une cuisson au four ou à la vapeur. C'est le cas, par exemple, des crèmes aux œufs (que l'on peut aromatiser à tous les parfums : chocolat, vanille, café, pistache...), des crèmes caramel, des crèmes brûlées, mais aussi des gâteaux de semoule ou de riz (différents du riz au lait ou de la semoule au lait en raison de la présence d'œufs). Et on n'évoquera donc pas les crèmes qui cuisent en quelques minutes à la casserole comme la crème pâtissière, les crèmes sans œufs (avec de la fécule de maïs par exemple)...

DESSERT LACTÉ : LA DÉFINITION « OFFICIELLE »

Le CNIEL (Centre national interprofessionnel de l'économie laitière) donne sur son site la définition suivante : « S'il existe une multitude de desserts lactés, ils doivent cependant tous répondre aux mêmes points communs, à savoir :

- Être composés d'au moins 50 % de lait. Ils sont généralement fabriqués à partir de lait entier, écrémé ou partiellement écrémé.
- Être sucrés ou parfumés.
- Ils ne contiennent généralement pas de ferments lactiques, car la préparation est souvent cuite, ce qui détruit ainsi tout ferment encore présent. »

Plus d'infos sur le site du CNIEL : www.produits-laitiers.com

Bien choisir ses ingrédients

Le lait

C'est l'ingrédient de base des desserts lactés (s'ils portent ce nom, ce n'est pas pour rien !). **Le choix le plus classique se porte généralement sur le lait de vache UHT.** Le lait entier vous garantit à coup sûr une crème onctueuse. Pour une version plus légère, vous pouvez utiliser du lait demi-écrémé. En revanche, évitez le lait écrémé, trop riche en eau. Vous pouvez également utiliser, au choix, du lait de brebis, de chèvre, de soja, d'amandes, de riz… Pour des versions encore plus gourmandes, on peut aussi remplacer le lait (ou une partie du lait) par de la crème.

Les œufs

On en trouve dans la plupart des recettes de desserts lactés que nous vous proposons dans les pages qui suivent. Ils servent à épaissir la crème ou le flan, mais aussi à lui donner du goût. La principale question est : doit-on utiliser **les jaunes, les blancs ou les deux ?** Réponse : tout est une question d'équilibre. Les jaunes contiennent des matières grasses ainsi qu'un émulsifiant naturel qui donne une texture soyeuse. Les blancs, eux, apportent davantage de fermeté. Quel que soit votre choix, n'oubliez pas cette règle d'or : **les œufs doivent être les plus frais possibles.**

La farine ou la fécule de maïs

Pour épaissir certains desserts lactés, on ajoute souvent l'un de ces deux ingrédients. Leur secret : ils contiennent de l'amidon qui piège le liquide et donc épaissit la préparation. La différence entre les deux : les desserts préparés avec de la farine ont une consistance légèrement plus ferme et pâteuse, alors que ceux préparés avec de la fécule sont plus légers et gélatineux. À vous de choisir ce que vous préférez ! Rien ne vous empêche de **faire un subtil mélange des deux pour obtenir la texture idéale** (en général, on préconise deux tiers de farine et un tiers de fécule).

Les autres ingrédients

En fonction des recettes – et de votre imagination –, vous pouvez ajouter quantité d'autres ingrédients dans vos desserts lactés.

✓ **Les sucres :** sucre en poudre blanc « classique », mais aussi sucre de canne, stévia (un édulcorant naturel), sirop d'agave, miel…

✓ **Des ingrédients gourmands,** comme le chocolat, le café, le caramel…
✓ **Des fruits frais ou préparés,** en coulis, en confiture, séchés…
✓ **Des oléagineux** (noix, noisettes, amandes…), entiers, en poudre, concassés…
✓ **Des épices :** comme la vanille, incontournable, mais aussi la cannelle, le gingembre, la badiane, le clou de girofle, la muscade…
✓ **Des arômes**, naturels ou artificiels : vanille, amande…
✓ **Des céréales,** comme le riz ou la semoule, incontournables dans les préparations lactées type gâteaux de riz, de semoule…

Les différents modes de cuisson

Avec une yaourtière-fromagère

Attention, tous les modèles de yaourtière-fromagère ne permettent pas la réalisation des desserts lactés. Il faut en effet une fonction « cuisson vapeur ». La différence avec les autres programmes (yaourts ou fromages blancs) ? La chaleur est plus forte et la cuisson est plus rapide (en moyenne 30 minutes), surtout il s'agit d'une vraie cuisson vapeur, qui utilise… de l'eau.

Les 3 secrets d'une cuisson réussie

1. On n'oublie pas de remplir le réservoir d'eau avant de lancer le programme. Sinon, pas de cuisson vapeur. La machine vous rappellera à l'ordre si vous oubliez cette étape.
2. On ne se trompe pas de programme ! On utilise le programme desserts lactés, et pas les autres.

3. Après cuisson, on laisse refroidir les crèmes et on les met au frais dès que possible. Et on veille à les consommer dans les 3 à 4 jours maximum, surtout si elles contiennent des œufs.

Avec un cuiseur-vapeur

Simple et rapide, la cuisson de vos petites crèmes peut aussi s'effectuer avec tout autre moyen de cuisson vapeur : cuiseur-vapeur électrique, panier vapeur au-dessus d'une casserole d'eau bouillante…

Les 3 secrets d'une cuisson réussie

1. On n'oublie pas de remplir le réservoir d'eau. Sinon pas de cuisson vapeur.
2. Après cuisson, on laisse refroidir les crèmes et on les met au frais dès que possible. Et on veille à les consommer dans les 3 à 4 jours maximum, surtout si elles contiennent des œufs.
3. On évite de faire cuire en même temps d'autres aliments (poissons, légumes, etc.) car vos petits desserts risquent d'en prendre le goût !

(Ce sont quasiment les mêmes secrets de réussite que pour la yaourtière-fromagère, et c'est normal car sa fonction dessert lacté permet de la transformer en cuiseur-vapeur).

Au four

Autre solution si vous n'avez ni yaourtière-fromagère avec option cuisson vapeur, ni cuiseur-vapeur d'aucune sorte : utilisez votre four et cuisez vos crèmes au bain-marie. Ainsi, les desserts cuisent lentement, sans dessécher, grâce à l'eau du « bain ».

Les 3 secrets d'une cuisson réussie

1. Il faut verser suffisamment d'eau dans le plat du bain-marie pour que les crèmes cuisent correctement, mais pas trop pour que l'eau ne rentre pas dans les pots.
2. La bonne technique : mettez votre plat dans le four (cela vous évitera de devoir le transporter du plan de travail vers le four une fois rempli !), versez un fond d'eau préalablement chauffée, disposez les pots, puis ajoutez de l'eau à hauteur de la crème.
3. La température du four ne doit pas dépasser les 150 à 180 °C (th. 5-6) maximum.

Un problème ? Une solution !

Mes desserts lactés « font des couches »

C'est la catastrophe : votre crème dessert n'a pas du tout la texture que vous attendiez. Une couche d'eau surnage, et le reste est tout grumeleux. Bref, c'est immangeable !

Les solutions

✓ Si vous avez utilisé du lait écrémé pour alléger vos crèmes, c'est une mauvaise idée. Comme il est plus riche en eau, la crème risque de ne pas prendre. Pour être certain d'obtenir une texture bien onctueuse, préférez le lait entier.

✓ Votre crème a peut-être cuit trop longtemps et/ou à une température trop forte. Vérifiez ces deux éléments lors de votre prochain essai.

Mes desserts lactés ont trop le goût d'œuf

C'est un problème courant lorsque l'on prépare des crèmes dessert contenant des œufs : parfois, leur goût est trop présent...

Les solutions

✓ Réduisez le nombre d'œufs indiqué dans la recette. Votre crème prendra peut-être un peu moins bien, mais le goût d'œuf sera plus discret.

✓ Si la texture de votre crème vous convient, malgré le goût d'œuf trop présent, il suffit d'augmenter la dose de vanille, de chocolat, de caramel, de café...

PARTIE 2

LES RECETTES GOURMANDES

Chapitre 1

Les yaourts et les laits emprésurés

- Toutes les recettes qui suivent sont réalisées avec 1 litre de lait. Elles permettent de préparer 8 yaourts de 125 ml chacun.
- Pensez à adapter le temps de chauffe en fonction de votre machine.
- Au fur et à mesure de vos expérimentations, vous trouverez le temps idéal en fonction de la texture souhaitée.

LES YAOURTS CLASSIQUES

YAOURTS NATURE SIMPLEMENT PARFAITS

Pour 8 pots
Préparation : 5 minutes
Chauffe : 10 à 12 heures
Attente : 4 heures

INGRÉDIENTS
1 litre de lait entier ou demi-écrémé ; 1 yaourt nature ; 80 ml de lait concentré non sucré.

PRÉPARATION

1. Dans un saladier, mélangez le yaourt avec le lait concentré à l'aide d'un fouet. Ajoutez le lait en continuant à mélanger. Versez la préparation dans les pots.
2. Programmez la yaourtière pour 10 à 12 heures.
3. Une fois que les yaourts sont prêts, fermez-les avec les couvercles puis mettez-les au frais au moins 4 heures avant de les déguster.

L'ASTUCE EN +

Vous pouvez aussi utiliser du lait concentré sucré. Vos yaourts seront ainsi légèrement sucrés et vous pourrez ensuite les resucrer à votre goût.

YAOURTS NATURE ALLÉGÉS

Pour 8 pots
Préparation : 15 minutes
Chauffe : 9 à 10 heures
Attente : 4 heures

INGRÉDIENTS
1 litre de lait demi-écrémé ; 2 g d'agar-agar ; 1 sachet de ferments pour yaourts.

PRÉPARATION

1. Versez la moitié du lait dans une casserole. Ajoutez l'agar-agar et portez à ébullition. Laissez tiédir.
2. Dans un saladier, mélangez le lait restant avec le sachet de ferments. Ajoutez le lait tiédi. Versez la préparation dans les pots.
3. Programmez la yaourtière pour 9 à 10 heures.
4. Une fois que les yaourts sont prêts, fermez-les avec les couvercles puis mettez-les au frais au moins 4 heures avant de les déguster.

L'ASTUCE EN +

Vous pouvez bien sûr décliner cette recette de yaourts allégés en y ajoutant de la vanille liquide ou en poudre, de l'extrait d'amandes amères…

YAOURTS CRÉMEUX À LA VANILLE

Pour 8 pots
Préparation : 15 minutes
Chauffe : 10 à 12 heures
Attente : 30 minutes + 4 heures

INGRÉDIENTS
1 litre de lait entier ; 1 yaourt nature ; 3 c. à s. de crème fraîche entière épaisse ; 1 gousse de vanille ; 5 c. à s. de sucre en poudre.

PRÉPARATION

1. Versez le lait dans une casserole.
2. Ouvrez la gousse de vanille en deux dans le sens de la longueur. Grattez l'intérieur à l'aide de la pointe d'un couteau. Versez les petites graines noires dans le lait. Ajoutez le sucre et la gousse de vanille. Portez à ébullition puis laissez infuser hors du feu pendant 30 minutes à couvert.
3. Une fois que le lait est tiédi, battez le yaourt avec la crème fraîche à l'aide d'un fouet. Ajoutez le lait sucré et vanillé en fouettant. Versez la préparation dans les pots.
4. Programmez la yaourtière pour 10 à 12 heures.
5. Une fois que les yaourts sont prêts, fermez-les avec les couvercles puis mettez-les au frais au moins 4 heures avant de les déguster.

L'ASTUCE EN +

Vous pouvez remplacer la gousse de vanille par de l'extrait de vanille liquide ou en poudre. Pour le dosage, fiez-vous aux indications données sur l'étiquette.

YAOURTS AROMATISÉS À LA FRAISE

Pour 8 pots
Préparation : 5 minutes
Chauffe : 10 à 12 heures
Attente : 4 heures

INGRÉDIENTS
1 litre de lait entier ou demi-écrémé ; 1 yaourt nature ; 80 ml de lait concentré sucré ; 4 c. à s. de sirop de fraises ; 2 c. à s. de sucre en poudre.

PRÉPARATION

1. Dans un saladier, mélangez le yaourt avec le lait concentré sucré et le sucre à l'aide d'un fouet. Ajoutez le lait en continuant à mélanger. Ajoutez le sirop de fraises, mélangez et versez la préparation dans les pots.
2. Programmez la yaourtière pour 10 à 12 heures.
3. Une fois que les yaourts sont prêts, fermez-les avec les couvercles puis mettez-les au frais au moins 4 heures avant de les déguster.

L'ASTUCE EN +

De la même façon, vous pouvez réaliser des yaourts à la grenadine, au sirop de myrtilles, etc.

YAOURTS AU CITRON

Pour 8 pots
Préparation : 15 minutes
Chauffe : 10 à 12 heures
Attente : 1 heure + 4 heures

INGRÉDIENTS
1 litre de lait entier ou demi-écrémé ; 1 yaourt nature ; 80 ml de lait concentré sucré ; 2 c. à s. de sucre en poudre ; 2 citrons jaunes bio ou non traités.

PRÉPARATION

1. Lavez les citrons et zestez-les.
2. Versez le lait dans une petite casserole. Ajoutez les zestes de citron, portez à ébullition et laissez infuser 1 heure à couvert. Filtrez le lait et laissez-le refroidir.
3. Dans un saladier, mélangez le yaourt avec le lait concentré sucré et le sucre à l'aide d'un fouet. Ajoutez le lait refroidi, mélangez et versez la préparation dans les pots.
4. Programmez la yaourtière pour 10 à 12 heures.
5. Une fois que les yaourts sont prêts, fermez-les avec les couvercles puis mettez-les au frais au moins 4 heures avant de les déguster.

L'ASTUCE EN +

Vous pouvez remplacer les citrons jaunes par des citrons verts.

YAOURTS À LA NOISETTE

Pour 8 pots
Préparation : 15 minutes
Chauffe : 10 à 12 heures
Attente : 1 heure + 4 heures

INGRÉDIENTS
1 litre de lait entier ou demi-écrémé ; 1 yaourt nature ; 80 ml de lait concentré sucré ; 6 c. à s. de noisettes en poudre ; 3 c. à s. de sucre en poudre.

PRÉPARATION

1. Versez le lait dans une petite casserole. Ajoutez la poudre de noisettes, portez à ébullition et laissez infuser 1 heure à couvert. Filtrez le lait et laissez-le refroidir.
2. Dans un saladier, mélangez le yaourt avec le lait concentré sucré et le sucre à l'aide d'un fouet. Ajoutez le lait refroidi, mélangez et versez la préparation dans les pots.
3. Programmez la yaourtière pour 10 à 12 heures.
4. Une fois que les yaourts sont prêts, fermez-les avec les couvercles puis mettez-les au frais au moins 4 heures avant de les déguster.

L'ASTUCE EN +

Vous pouvez préparer la même recette avec des amandes en poudre.

YAOURTS AU SIROP D'ORGEAT

Pour 8 pots
Préparation : 5 minutes
Chauffe : 10 à 12 heures
Attente : 4 heures

INGRÉDIENTS
1 litre de lait entier ou demi-écrémé ; 1 yaourt nature ; 5 c. à s. de sirop d'orgeat.

PRÉPARATION

1. Dans un saladier, mélangez le yaourt avec le lait et le sirop. Versez la préparation dans les pots.
2. Programmez la yaourtière pour 10 à 12 heures.
3. Une fois que les yaourts sont prêts, fermez-les avec les couvercles puis mettez-les au frais au moins 4 heures avant de les déguster.

L'ASTUCE EN +

Vous pouvez renforcer le goût de vos yaourts en y ajoutant quelques gouttes d'extrait d'amandes amères et/ou une à deux cuillères à soupe d'eau de fleur d'oranger.

YAOURTS À LA GRECQUE À LA VANILLE

Pour 8 pots
Préparation : 15 minutes
Chauffe : 8 heures
Attente : 30 minutes + 4 heures

INGRÉDIENTS
1 litre de lait entier ou demi-écrémé ; 1 yaourt nature ; 1 gousse de vanille ; 6 c. à s. de sucre en poudre ; 4 c. à s. de crème fraîche épaisse.

PRÉPARATION

1. Versez le lait dans une casserole. Ouvrez la gousse de vanille en deux dans le sens de la longueur. Grattez l'intérieur avec la pointe d'un couteau. Versez les petites graines, ainsi que la gousse de vanille, dans le lait. Faites chauffer à feu doux jusqu'à ébullition. Retirez du feu et laissez infuser la vanille 30 minutes à couvert. Ôtez la gousse de vanille. Laissez refroidir le lait.
2. Dans un saladier, mélangez le lait refroidi et le yaourt. Ajoutez le sucre en poudre.
3. Versez la préparation dans les pots équipés des faisselles.
4. Programmez la machine en mode yaourt pendant 8 heures.
5. Passez ensuite en position égouttage et laissez égoutter pendant au moins 4 heures au frais, en vidant régulièrement le petit-lait.

→

6. Versez les fromages blancs obtenus dans un grand saladier, ajoutez la crème fraîche et battez longuement jusqu'à ce que la consistance soit bien homogène. Reversez dans les petits pots lavés et séchés, ou dans un grand bac avec couvercle. Réservez au frais jusqu'au moment de servir.

L'ASTUCE EN +

Cette version du yaourt à la grecque n'est pas la véritable (voir p. 69) car elle est préparée avec du lait de vache. Il faut ensuite ajouter de la crème pour lui donner de l'onctuosité.

YAOURTS À LA GRECQUE À LA MENTHE

Pour 8 pots
Préparation : 15 minutes
Chauffe : 8 heures
Attente : 1 heure + 4 heures

INGRÉDIENTS
1 litre de lait entier ou demi-écrémé ; 1 yaourt nature ; 10 feuilles de menthe fraîche ; 6 c. à s. de sucre en poudre ; 4 c. à s. de crème fraîche épaisse.

PRÉPARATION

1. Rincez les feuilles de menthe.
2. Versez le lait dans une casserole. Ajoutez les feuilles de menthe et faites chauffer à feu doux jusqu'à ébullition. Retirez du feu et laissez infuser 1 heure à couvert. Filtrez. Laissez refroidir le lait.
3. Dans un saladier, mélangez le lait refroidi et le yaourt.
4. Versez la préparation dans les pots équipés des faisselles.
5. Programmez la machine en mode yaourt pendant 8 heures.
6. Passez ensuite en position égouttage et laissez égoutter pendant au moins 4 heures au frais, en vidant régulièrement le petit-lait.
7. Versez les fromages blancs obtenus dans un grand saladier, ajoutez la crème fraîche et le sucre en poudre et battez longuement jusqu'à ce que la consistance soit bien homogène. Versez dans des petits pots individuels ou dans un grand pot familial. Réservez au frais jusqu'au moment de servir.

→

L'ASTUCE EN +

Si vous n'avez pas de menthe fraîche, préparez des fromages à la grecque nature. Puis ajoutez 6 cuillères à soupe de sirop de menthe en fin de préparation, en même temps que la crème fraîche et le sucre (réduisez la quantité de sucre en poudre à 4 cuillères à soupe).

YAOURTS À LA GRECQUE TRADITIONNELS

Pour 8 pots
Préparation : 5 minutes
Chauffe : 8 heures
Attente : 4 heures

INGRÉDIENTS
1 litre de lait de brebis ; 1 yaourt nature au lait de brebis.

PRÉPARATION

1. Dans un saladier, mélangez le lait et le yaourt.
2. Versez la préparation dans les pots équipés des faisselles.
3. Programmez la machine en mode yaourt pendant 8 heures.
4. Passez ensuite les faisselles en position égouttage et laissez égoutter pendant au moins 4 heures au frais, en vidant régulièrement le petit-lait.

L'ASTUCE EN +

Les vrais yaourts à la grecque sont préparés avec du lait de brebis. Ces yaourts se dégustent en dessert, simplement accompagnés de sucre ou de confiture. Mais vous pouvez aussi les utiliser pour préparer des petites sauces aux herbes fraîches (le fameux tzatziki) ou aux épices, idéales pour agrémenter des crudités, un filet de poisson… Sachez qu'il n'est pas facile de trouver du lait de brebis en magasin. Le plus simple est d'utiliser du lait de brebis en poudre (on en trouve facilement dans les magasins bio).

LES YAOURTS SUPER-GOURMANDS

YAOURTS FAÇON CHEESE-CAKE AUX MYRTILLES

Pour 8 pots
Préparation : 10 minutes
Chauffe : 10 à 12 heures
Attente : 4 heures

INGRÉDIENTS
1 litre de lait entier ou demi-écrémé ; 1 yaourt nature ; 3 c. à s. de crème fraîche entière épaisse ; 8 c. à s. de confiture de myrtilles ; 8 spéculoos.

PRÉPARATION

1. Dans un saladier, mélangez le yaourt avec le lait et la crème fraîche.
2. Émiettez grossièrement les spéculoos et répartissez-les au fond des pots. Ajoutez 1 cuillère à soupe de confiture dans chaque.
3. Versez ensuite par-dessus le mélange du saladier.
4. Programmez la yaourtière pour 10 à 12 heures.
5. Une fois que les yaourts sont prêts, fermez-les avec les couvercles puis mettez-les au frais au moins 4 heures avant de les déguster.

L'ASTUCE EN +

Vous pouvez remplacer la confiture de myrtilles par de la confiture de fraises, de framboises…, et bien sûr varier les biscuits en fonction de vos goûts : petits-beurre, sablés, palets bretons…

YAOURTS FAÇON GÂTEAU BASQUE

Pour 8 personnes
Préparation : 10 minutes
Chauffe : 10 à 12 heures
Attente : 4 heures

INGRÉDIENTS
1 litre de lait entier ou demi-écrémé ; 1 yaourt nature ; 8 c. à s. de confiture de cerises noires ; 8 biscuits sablés (type palets bretons).

PRÉPARATION

1. Dans un saladier, mélangez le yaourt avec le lait.
2. Émiettez grossièrement les biscuits et répartissez-les au fond des pots. Ajoutez 1 cuillère à soupe de confiture de cerises noires dans chaque.
3. Versez par-dessus le mélange du saladier.
4. Programmez la yaourtière pour 10 à 12 heures.
5. Une fois que les yaourts sont prêts, fermez-les avec les couvercles puis mettez-les au frais au moins 4 heures avant de les déguster.

L'ASTUCE EN +

Pour conserver le croquant des biscuits, vous pouvez aussi les émietter sur les yaourts juste avant de les servir.

YAOURTS AUX MACARONS

Pour 8 yaourts
Préparation : 10 minutes
Chauffe : 10 à 12 heures
Attente : 4 heures

INGRÉDIENTS

1 litre de lait demi-écrémé ou entier ; 1 yaourt nature ; 80 ml de lait concentré ; 100 g de macarons ; 4 c. à s. de sucre en poudre.

PRÉPARATION

1. Mixez les macarons de manière à obtenir une poudre fine.
2. Dans un saladier, mélangez le yaourt avec le lait concentré. Ajoutez le lait, le sucre et la poudre de macarons, et mélangez. Versez la préparation dans les pots.
3. Programmez la yaourtière pour 10 à 12 heures.
4. Une fois que les yaourts sont prêts, fermez-les avec les couvercles puis mettez-les au frais au moins 4 heures avant de les déguster.

L'ASTUCE EN +

Vous pouvez opter pour les macarons de votre choix : à la framboise, à la vanille, à la noix de coco, au café…

YAOURTS AU MIEL ET AU MÜESLI

Pour 8 pots
Préparation : 10 minutes
Chauffe : 10 à 12 heures
Attente : 4 heures

INGRÉDIENTS
1 litre de lait entier ou demi-écrémé ; 1 yaourt nature ; 80 ml de lait concentré sucré ; 8 c. à s. de müesli ; 4 c. à s. de miel liquide.

PRÉPARATION

1. Mélangez le müesli avec le miel liquide. Répartissez le mélange au fond des pots.
2. Dans un saladier, mélangez le yaourt avec le lait concentré sucré et le lait. Versez la préparation dans les pots.
3. Programmez la yaourtière pour 10 à 12 heures.
4. Une fois que les yaourts sont prêts, fermez-les avec les couvercles puis mettez-les au frais au moins 4 heures avant de les déguster.

L'ASTUCE EN +

Pour une version encore plus énergétique (parfaite pour le petit déjeuner), ajoutez des rondelles de bananes.

YAOURTS CRÉMEUX TONKA-CHOCOLAT

Pour 8 pots
Préparation : 15 minutes
Chauffe : 10 à 12 heures
Attente : 30 minutes + 4 heures

INGRÉDIENTS

1 litre de lait entier ou demi-écrémé ; 1 yaourt nature ; 3 c. à s. de crème fraîche entière épaisse ; 1 fève tonka ; 50 g de chocolat noir ; 5 c. à s. de sucre en poudre.

PRÉPARATION

1. Versez le lait dans une casserole.
2. Râpez la fève tonka et ajoutez-la dans le lait. Portez à ébullition puis laissez infuser hors du feu pendant 30 minutes à couvert.
3. Une fois que le lait est tiédi, battez le yaourt avec la crème fraîche et le sucre. Ajoutez le lait et mélangez. Versez la préparation dans les pots.
4. Programmez la yaourtière pour 10 à 12 heures.
5. Une fois que les yaourts sont prêts, fermez-les avec les couvercles puis mettez-les au frais au moins 4 heures avant de les déguster.
6. Au moment de servir, taillez le chocolat en copeaux que vous parsemez sur les yaourts.

L'ASTUCE EN +

La fève tonka est le fruit du teck brésilien. On l'utilise comme une épice. Son goût est un mélange de vanille et de foin coupé.

YAOURTS AUX BISCUITS ET À LA PÂTE À TARTINER

Pour 8 pots
Préparation : 10 minutes
Chauffe : 10 à 12 heures
Attente : 15 minutes + 4 heures

INGRÉDIENTS
1 litre de lait entier ou demi-écrémé ; 1 yaourt nature ; 4 grosses c. à s. de pâte à tartiner au chocolat ; 8 biscuits type petit-beurre ; 4 c. à s. de sucre en poudre.

PRÉPARATION

1. Versez le lait dans une casserole. Ajoutez la pâte à tartiner et les biscuits émiettés. Faites chauffer à feu doux jusqu'à ébullition puis laissez refroidir 15 minutes hors du feu.
2. Dans un saladier, mélangez le yaourt avec le lait refroidi et le sucre. Versez la préparation dans les pots.
3. Programmez la yaourtière pour 10 à 12 heures.
4. Une fois que les yaourts sont prêts, fermez-les avec les couvercles puis mettez-les au frais au moins 4 heures avant de les déguster.

L'ASTUCE EN +

Variez les plaisirs en utilisant différentes pâtes à tartiner : choco-amandes, spéculoos...

YAOURTS À LA VANILLE ET À LA GUIMAUVE

Pour 8 pots
Préparation : 15 minutes
Chauffe : 10 à 12 heures
Attente : 15 minutes + 4 heures

INGRÉDIENTS
1 litre de lait entier ou demi-écrémé ; 1 yaourt nature ; 150 g de guimauve ; quelques gouttes d'extrait de vanille ; 4 c. à s. de sucre en poudre.

PRÉPARATION

1. Versez le lait dans une casserole. Ajoutez la guimauve et faites chauffer à feu doux en remuant régulièrement jusqu'à ce que la guimauve soit bien fondue. Laissez tiédir 15 minutes.
2. Dans un saladier, mélangez le yaourt avec le sucre et la vanille. Ajoutez le lait tiédi. Versez la préparation dans les pots.
3. Programmez la yaourtière pour 10 à 12 heures.
4. Une fois que les yaourts sont prêts, fermez-les avec les couvercles puis mettez-les au frais au moins 4 heures avant de les déguster.

L'ASTUCE EN +

Pour un meilleur résultat, achetez de la vraie guimauve chez un confiseur ! Évitez la pseudo-guimauve vendue en grande surface.

YAOURTS CARAMEL-AMANDES GRILLÉES

Pour 8 pots
Préparation : 10 minutes
Chauffe : 10 à 12 heures
Attente : 4 heures

INGRÉDIENTS
1 litre de lait entier ou demi-écrémé ; 1 yaourt nature ; 100 g d'amandes effilées ; 30 cl de caramel liquide.

PRÉPARATION

1. Faites griller à sec les amandes effilées dans une poêle antiadhésive, jusqu'à ce qu'elles soient dorées.
2. Dans un saladier, mélangez le yaourt avec le lait et le caramel liquide. Versez la préparation dans les pots. Parsemez d'amandes grillées.
3. Programmez la yaourtière pour 10 à 12 heures.
4. Une fois que les yaourts sont prêts, fermez-les avec les couvercles puis mettez-les au frais au moins 4 heures avant de les déguster.

L'ASTUCE EN +

Vous pouvez ajouter les amandes grillées juste au moment de servir. Ainsi, elles conserveront tout leur croquant.

YAOURTS AUX PISTACHES ET AUX GRIOTTES

Pour 8 pots
Préparation : 15 minutes
Chauffe : 10 à 12 heures
Attente : 15 minutes + 4 heures

INGRÉDIENTS
1 litre de lait entier ou demi-écrémé ; 1 yaourt nature ; 3 c. à s. de pâte de pistaches ; 16 griottes surgelées décongelées ; 5 c. à s. de sucre en poudre.

PRÉPARATION

1. Versez le lait dans une petite casserole, ajoutez la pâte de pistaches et faites chauffer jusqu'à ce que la pâte soit bien dissoute. Laissez tiédir 15 minutes.
2. Coupez les griottes en deux et répartissez-les dans les pots.
3. Dans un saladier, mélangez le yaourt avec le lait tiédi et le sucre en poudre.
4. Versez la préparation dans les pots.
5. Programmez la yaourtière pour 10 à 12 heures.
6. Une fois que les yaourts sont prêts, fermez-les avec les couvercles puis mettez-les au frais au moins 4 heures avant de les déguster.

L'ASTUCE EN +

Vous trouverez de la pâte de pistaches (ou purée de pistaches) dans les magasins bio et les épiceries fines. Vérifiez bien la composition sur l'étiquette : certains produits contiennent plus de sucre ou de colorant que de pistaches !

YAOURTS À LA FLEUR D'ORANGER ET AU PRALIN

Pour 8 pots
Préparation : 5 minutes
Chauffe : 10 à 12 heures
Attente : 4 heures

INGRÉDIENTS
1 litre de lait demi-écrémé ou entier ; 1 yaourt nature ; 80 ml de lait concentré sucré ; 4 c. à s. de fleur d'oranger ; 4 c. à s. de pralin ; 5 c. à s. de sucre en poudre.

PRÉPARATION

1. Dans un saladier, mélangez le yaourt avec le lait concentré sucré. Ajoutez le lait, le sucre et l'eau de fleur d'oranger, mélangez. Versez la préparation dans les pots.
2. Programmez la yaourtière pour 10 à 12 heures.
3. Une fois que les yaourts sont prêts, fermez-les avec les couvercles puis mettez-les au frais au moins 4 heures avant de les déguster.
4. Avant de servir, saupoudrez chaque yaourt avec ½ cuillère à soupe de pralin.

→

L'ASTUCE EN +

Vous pouvez acheter votre pralin en magasin, ou bien le préparer vous-même. Pour cela, versez dans une poêle 75 g de noisettes entières, 75 g d'amandes entières et 150 g de sucre en poudre. Faites chauffer à feu moyen, en remuant régulièrement, jusqu'à ce que le sucre se transforme en caramel et enrobe bien les fruits secs. Stoppez la cuisson et étalez le mélange sur une feuille de papier sulfurisé. Laissez refroidir. Cassez ensuite le caramel en gros morceaux et passez-les dans un mixeur, jusqu'à obtenir une poudre fine : c'est le pralin.

YAOURTS AU MASCARPONE ET À L'AMARETTO

Pour 8 pots
Préparation : 5 minutes
Chauffe : 10 à 12 heures
Attente : 4 heures

INGRÉDIENTS
1 litre de lait demi-écrémé ou entier ; 1 yaourt nature ; 4 c. à s. bombées de mascarpone ; 5 c. à s. de sucre en poudre ; 2 c. à s. d'amaretto.

PRÉPARATION

1. Dans un saladier, mélangez le yaourt avec le mascarpone. Ajoutez le lait, le sucre en poudre et l'amaretto, mélangez. Versez la préparation dans les pots.
2. Programmez la yaourtière pour 10 à 12 heures.
3. Une fois que les yaourts sont prêts, fermez-les avec les couvercles puis mettez-les au frais au moins 4 heures avant de les déguster.

L'ASTUCE EN +

Pour apporter un petit goût gourmand en plus, vous pouvez ajouter un peu d'extrait de café, ou un petit expresso bien fort, dans votre mélange lait + yaourt.

YAOURTS MENTHE-CHOCOLAT

Pour 8 pots
Préparation : 15 minutes
Chauffe : 10 à 12 heures
Attente : 1 heure + 4 heures

INGRÉDIENTS
1 litre de lait demi-écrémé ou entier ; 1 yaourt nature ; 80 ml de lait concentré ; 5 c. à s. de sucre en poudre ; quelques feuilles de menthe fraîche ; 100 g de chocolat noir.

PRÉPARATION

1. Rincez les feuilles de menthe.
2. Versez le lait dans une casserole. Ajoutez les feuilles de menthe et faites chauffer à feu doux jusqu'à ébullition. Laissez infuser hors du feu pendant 1 heure à couvert.
3. Dans un saladier, mélangez le yaourt avec le lait concentré, le lait refroidi et le sucre. Versez la préparation dans les pots.
4. Programmez la yaourtière pour 10 à 12 heures.
5. Une fois que les yaourts sont prêts, fermez-les avec les couvercles puis mettez-les au frais au moins 4 heures avant de les déguster.
6. Avant de servir, râpez le chocolat en copeaux et répartissez-les sur les yaourts.

L'ASTUCE EN +

Vous pouvez aussi verser les copeaux de chocolat dans le mélange lait + yaourt pour obtenir un yaourt façon stracciatella.

YAOURTS CRÉMEUX MIEL-AMANDES

Pour 8 pots
Préparation : 15 minutes
Chauffe : 10 à 12 heures
Attente : 15 minutes + 4 heures

INGRÉDIENTS
75 cl de lait entier ou demi-écrémé ; 1 yaourt nature ; 25 cl de crème entière liquide ; 70 g de poudre d'amandes ; 8 c. à s. de miel liquide.

PRÉPARATION

1. Versez la crème dans une petite casserole. Ajoutez la poudre d'amandes et faites tiédir à feu doux. Laissez refroidir 15 minutes environ.
2. Dans un saladier, mélangez le yaourt avec le lait et la crème tiédie. Versez 1 cuillère à soupe de miel dans le fond de chaque pot, puis remplissez-les avec le mélange du saladier.
3. Programmez la yaourtière pour 10 à 12 heures.
4. Une fois que les yaourts sont prêts, fermez-les avec les couvercles puis mettez-les au frais au moins 4 heures avant de les déguster.

L'ASTUCE EN +

Vous pouvez préparer la même recette avec de la poudre de noisettes.

LES YAOURTS VÉGÉTAUX OU SEMI-VÉGÉTAUX

Rappelons que le lait végétal seul (lait d'amandes, de noisettes, de quinoa, de coco...) ne peut suffire pour préparer des yaourts. Il faut toujours l'associer à un lait de vache. Dans cette famille des « laits végétaux », seul le lait de soja peut être utilisé pur et permet de réaliser des yaourts délicieux et bien fermes

YAOURTS AU LAIT DE SOJA ET À L'ORANGE

Pour 8 pots
Préparation : 15 minutes
Chauffe : 10 à 12 heures
Attente : 30 minutes + 4 heures

INGRÉDIENTS
1 litre de lait de soja ; 1 yaourt de soja ; 1 orange bio ou non traitée ; 5 c. à s. de miel liquide.

PRÉPARATION

1. Versez le lait de soja dans une casserole.
2. Râpez l'orange et versez son zeste dans la casserole. Portez à ébullition puis laissez infuser hors du feu pendant 30 minutes à couvert.
3. Une fois que le lait est tiédi, filtrez-le. Mélangez le yaourt de soja avec le lait et le miel. Versez la préparation dans les pots.
4. Programmez la yaourtière pour 10 à 12 heures.
5. Une fois que les yaourts sont prêts, fermez-les avec les couvercles puis mettez-les au frais au moins 4 heures avant de les déguster.

L'ASTUCE EN +

Vous pouvez préparer la même recette avec des zestes de citron.

YAOURTS AU LAIT DE SOJA VANILLÉ ET À L'AMANDE

Pour 8 pots
Préparation : 5 minutes
Chauffe : 10 à 12 heures
Attente : 4 heures

INGRÉDIENTS

1 litre de lait de soja à la vanille ; 1 yaourt de soja ; 3 c. à s. de lait d'amandes en poudre.

PRÉPARATION

1. Dans un saladier, mélangez le lait de soja, le yaourt de soja et le lait d'amandes en poudre.
2. Versez la préparation dans les pots.
3. Programmez la yaourtière pour 10 à 12 heures.
4. Une fois que les yaourts sont prêts, fermez-les avec les couvercles puis mettez-les au frais au moins 4 heures avant de les déguster.

L'ASTUCE EN +

Le lait d'amandes en poudre s'achète dans les magasins bio, généralement en boîte. Pratique, car il peut se conserver très longtemps !

YAOURTS AU LAIT DE SOJA ET AUX CHÂTAIGNES

Pour 8 personnes
Préparation : 10 minutes
Chauffe : 10 à 12 heures
Attente : 4 heures

INGRÉDIENTS

1 litre de lait de soja ; 1 yaourt de soja ; 8 c. à s. de confiture de châtaignes.

PRÉPARATION

1. Versez 1 cuillère à soupe de confiture de châtaignes dans chaque pot.
2. Dans un saladier, mélangez le lait de soja et le yaourt de soja. Versez la préparation dans les pots.
3. Programmez la yaourtière pour 10 à 12 heures.
4. Une fois que les yaourts sont prêts, fermez-les avec les couvercles puis mettez-les au frais au moins 4 heures avant de les déguster.

L'ASTUCE EN +

Pour encore plus de gourmandise, vous pouvez parfumer votre lait de soja avec quelques gouttes d'extrait de vanille. Ou bien utiliser du lait de soja à la vanille.

YAOURTS AU LAIT DE SOJA, AUX FRAMBOISES ET BISCUITS ROSES

Pour 8 pots
Préparation : 15 minutes
Chauffe : 10 à 12 heures
Attente : 4 heures

INGRÉDIENTS

1 litre de lait de soja ; 1 yaourt nature au soja ; 8 c. à s. de confiture de framboises ; 2 c. à s. de sucre en poudre ; 8 biscuits roses.

PRÉPARATION

1. Écrasez finement les biscuits roses.
2. Dans un saladier, mélangez le lait de soja, le yaourt de soja, la poudre de biscuits roses, le sucre en poudre et la confiture de framboises. Mélangez et versez la préparation dans les pots.
3. Programmez la yaourtière pour 10 à 12 heures.
4. Une fois que les yaourts sont prêts, fermez-les avec les couvercles puis mettez-les au frais au moins 4 heures avant de les déguster.

L'ASTUCE EN +

En saison, ajoutez une framboise fraîche par pot avant de servir.

YAOURTS AU LAIT DE COCO ET À LA BANANE

Pour 8 pots
Préparation : 15 minutes
Chauffe : 10 à 12 heures
Attente : 4 heures

INGRÉDIENTS
600 ml de lait demi-écrémé ou entier ; 400 ml de lait de coco ; 1 yaourt nature ; 2 bananes ; 4 c. à s. de sucre en poudre.

PRÉPARATION

1. Épluchez les bananes et mixez-les avec le lait de coco et le sucre.
2. Dans un saladier, mélangez le yaourt et le lait. Ajoutez ensuite les bananes mixées avec le lait de coco, mélangez. Versez la préparation dans les pots.
3. Programmez la yaourtière pour 10 à 12 heures.
4. Une fois que les yaourts sont prêts, fermez-les avec les couvercles puis mettez-les au frais au moins 4 heures avant de les déguster.

L'ASTUCE EN +

Choisissez des bananes bien mûres.

LES YAOURTS À BOIRE

YAOURTS À BOIRE AU MIEL

Pour 8 petites bouteilles
Préparation : 10 minutes
Chauffe : 6 heures
Attente : 2 heures

INGRÉDIENTS
1 litre de lait demi-écrémé ; 1 yaourt nature ; 8 c. à s. de miel liquide.

PRÉPARATION

1. Dans un saladier, mélangez le yaourt avec le lait.
2. Dans chaque petite bouteille, versez 1 cuillère à soupe de miel liquide. Versez le mélange du saladier dans les petites bouteilles, sans trop les remplir (pour pouvoir les secouer ensuite).
3. Programmez la yaourtière pour 6 heures.
4. Une fois que les yaourts sont prêts, refermez-les avec les couvercles et mettez-les au frais. Patientez 2 heures avant de les déguster. Au moment de les consommer, secouez énergiquement les petites bouteilles (bien fermées) pour mélanger le yaourt et le miel.

L'ASTUCE EN +

Pour réaliser des yaourts à boire à la paille, vous pouvez utiliser les petites bouteilles en plastique vendues spécialement pour cet usage par les fabricants de yaourtières. C'est bien plus pratique que les pots en verre ou en plastique traditionnels !

YAOURTS À BOIRE À LA GRENADINE

Pour 8 petites bouteilles
Préparation : 10 minutes
Chauffe : 6 heures
Attente : 2 heures

INGRÉDIENTS
1 litre de lait demi-écrémé ; 1 yaourt nature ; 8 c. à s. de sirop de grenadine ; 2 c. à s. de sucre en poudre.

PRÉPARATION

1. Dans un saladier, mélangez le yaourt avec le lait et le sucre en poudre.
2. Dans chaque petite bouteille, versez 1 cuillère à soupe de sirop de grenadine. Versez le mélange du saladier dans les petites bouteilles, sans trop les remplir (pour pouvoir les secouer ensuite).
3. Programmez la yaourtière pour 6 heures.
4. Une fois que les yaourts sont prêts, refermez-les avec les couvercles et mettez-les au frais. Patientez 2 heures avant de les déguster. Au moment de les consommer, secouez énergiquement les petites bouteilles (bien fermées) pour mélanger le yaourt et le sirop.

L'ASTUCE EN +

Vous pouvez remplacer le sirop de grenadine par un sirop de votre choix. Dans les magasins, le choix est vaste !

YAOURTS À BOIRE AU COULIS DE MANGUES

Pour 8 petites bouteilles
Préparation : 10 minutes
Chauffe : 6 heures
Attente : 2 heures

INGRÉDIENTS
1 litre de lait demi-écrémé ; 1 yaourt nature ; 8 c. à s. de coulis de mangues ; 2 c. à s. de sucre en poudre.

PRÉPARATION

1. Dans un saladier, mélangez le yaourt avec le lait et le sucre.
2. Dans chaque petite bouteille, versez 1 cuillère à soupe de coulis de mangues. Versez le mélange du saladier dans les petites bouteilles, sans trop les remplir (pour pouvoir les secouer ensuite).
3. Programmez la yaourtière pour 6 heures.
4. Une fois que les yaourts sont prêts, refermez-les avec les couvercles et mettez-les au frais. Patientez 2 heures avant de les déguster. Au moment de les consommer, secouez énergiquement les petites bouteilles (bien fermées) pour mélanger le yaourt et le coulis.

L'ASTUCE EN +

Vous pouvez bien sûr remplacer le coulis de mangues par un autre coulis de votre choix : fraises, framboises, abricots…

YAOURTS À BOIRE AU CHOCOLAT

Pour 8 petites bouteilles
Préparation : 5 minutes
Chauffe : 6 heures
Attente : 2 heures

INGRÉDIENTS
1 litre de lait aromatisé au chocolat ; 1 yaourt nature.

PRÉPARATION

1. Dans un saladier, mélangez le yaourt avec le lait.
2. Versez la préparation dans les petites bouteilles, sans trop les remplir.
3. Programmez la yaourtière pour 6 heures.
4. Une fois que les yaourts sont prêts, refermez-les avec les couvercles et mettez-les au frais. Patientez 2 heures avant de les déguster. Au moment de les consommer, secouez énergiquement les petites bouteilles (bien fermées).

L'ASTUCE EN +

Vous pouvez préparer la même recette avec du lait aromatisé à la fraise !

YAOURTS À BOIRE AUX CARAMBAR®

Pour 8 petites bouteilles
Préparation : 15 minutes
Chauffe : 6 heures
Attente : 2 heures

INGRÉDIENTS
1 litre de lait demi-écrémé ; 1 yaourt nature ; 10 Carambar®.

PRÉPARATION

1. Versez 250 ml de lait dans une casserole et ajoutez les Carambar®. Faites-les fondre à feu doux jusqu'à ce qu'ils soient bien dissous.
2. Ajoutez le reste de lait et vérifiez la température du mélange : il doit être légèrement tiède ou froid. S'il est trop chaud, laissez-le refroidir. Ajoutez le yaourt et mélangez.
3. Versez la préparation dans les petites bouteilles, sans trop les remplir.
4. Programmez la yaourtière pour 6 heures.
5. Une fois que les yaourts sont prêts, refermez-les avec les couvercles et mettez-les au frais. Patientez 2 heures avant de les déguster. Au moment de les consommer, secouez énergiquement les petites bouteilles (bien fermées).

L'ASTUCE EN +

Vous pouvez préparer la même recette avec d'autres bonbons au caramel. Ou encore avec du caramel liquide tout prêt ou maison (voir recette p. 105) si vous le souhaitez.

YAOURTS À BOIRE SOJA-AMANDES

Pour 8 petites bouteilles
Préparation : 5 minutes
Chauffe : 6 heures
Attente : 2 heures

INGRÉDIENTS

700 ml de lait de soja ; 300 ml de lait d'amandes ; 1 yaourt de soja ; 5 c. à s. de sucre en poudre.

PRÉPARATION

1. Dans un saladier, mélangez le yaourt de soja avec le lait de soja, le lait d'amandes et le sucre en poudre.
2. Versez la préparation dans les petites bouteilles, sans trop les remplir.
3. Programmez la yaourtière pour 6 heures.
4. Une fois que les yaourts sont prêts, refermez-les avec les couvercles et mettez-les au frais. Patientez 2 heures avant de les déguster. Au moment de les consommer, secouez énergiquement les petites bouteilles (bien fermées).

L'ASTUCE EN +

Vous pouvez aromatiser ce yaourt avec quelques gouttes d'extrait de vanille ou d'amandes amères.

LES LAITS EMPRÉSURÉS (OU LES CAILLÉS)

LAITS EMPRÉSURÉS SUCRÉS

Pour 8 pots
Préparation : 5 minutes
Chauffe : 12 heures
Attente : 4 heures

INGRÉDIENTS
1 litre de lait entier ; 6 c. à s. de sucre en poudre ; 5 gouttes de présure.

PRÉPARATION

1. Dans un saladier, mélangez le lait avec le sucre, jusqu'à ce que ce dernier soit bien dissous.
2. Ajoutez la présure et remuez délicatement.
3. Versez la préparation dans les pots et mettez la yaourtière en marche, programme yaourts, pendant 12 heures.
4. Refermez les pots et mettez-les au frais. Patientez au moins 4 heures avant de déguster.

L'ASTUCE EN +

Pour ajouter un petit goût de vanille, utilisez du sucre en poudre vanillé.

LAITS EMPRÉSURÉS AU CHOCOLAT

Pour 8 pots
Préparation : 5 minutes
Chauffe : 12 heures
Attente : 4 heures

INGRÉDIENTS
1 litre de lait entier ; 10 c. à s. de cacao en poudre non sucré ; 6 c. à s. de sucre en poudre ; 5 gouttes de présure.

PRÉPARATION

1. Dans un saladier, mélangez le lait avec le cacao et le sucre, jusqu'à ce que le mélange soit bien homogène.
2. Ajoutez la présure et remuez délicatement.
3. Versez la préparation dans les pots et mettez la yaourtière en marche, programme yaourts, pendant 12 heures.
4. Refermez les pots et mettez-les au frais. Patientez au moins 4 heures avant de déguster.

L'ASTUCE EN +

Pour obtenir un mélange bien homogène, vous pouvez faire chauffer le lait avant d'y ajouter le chocolat et le sucre. Laissez-le tiédir avant d'y ajouter la présure.

LAITS EMPRÉSURÉS AU CAFÉ

Pour 8 pots
Préparation : 5 minutes
Chauffe : 12 heures
Attente : 4 heures

INGRÉDIENTS

1 litre de lait entier ; 6 c. à s. de café instantané ; 6 c. à s. de sucre en poudre ; 5 gouttes de présure.

PRÉPARATION

1. Dans un saladier, mélangez le lait avec le café instantané et le sucre, jusqu'à ce que ce dernier soit bien dissous.
2. Ajoutez la présure et remuez délicatement.
3. Versez la préparation dans les pots et mettez la yaourtière en marche, programme yaourts, pendant 12 heures.
4. Refermez les pots et mettez-les au frais. Patientez au moins 4 heures avant de déguster.

L'ASTUCE EN +

Tous les cafés instantanés n'ont pas le même goût. N'hésitez pas à faire l'essai avec des produits de marques différentes pour trouver celui que vous préférez.

LAITS EMPRÉSURÉS AU CARAMEL

Pour 8 pots
Préparation : 5 minutes
Chauffe : 12 heures
Attente : 4 heures

INGRÉDIENTS
1 litre de lait entier ; 8 c. à s. de caramel liquide ; 5 gouttes de présure.

PRÉPARATION

1. Dans un saladier, mélangez le lait avec le caramel jusqu'à ce que ce dernier soit bien dissous.
2. Ajoutez la présure et remuez délicatement.
3. Versez la préparation dans les pots et mettez la yaourtière en marche, programme yaourts, pendant 12 heures.
4. Refermez les pots et mettez-les au frais. Patientez au moins 4 heures avant de déguster.

L'ASTUCE EN +

Vous pouvez aussi préparer votre caramel liquide vous-même ! Pour cela, versez 125 g de sucre en poudre et 10 ml d'eau dans une petite casserole. Faites fondre à feu doux (sans mélanger mais en remuant régulièrement la casserole), jusqu'à ce que le caramel blondisse. Versez ensuite 70 g de jus de citron et mélangez à l'aide d'un petit fouet. Laissez refroidir. Ce caramel peut se conserver plusieurs jours dans un pot au réfrigérateur.

LAITS EMPRÉSURÉS À LA FLEUR D'ORANGER

Pour 8 pots
Préparation : 5 minutes
Chauffe : 12 heures
Attente : 4 heures

INGRÉDIENTS
1 litre de lait entier ; 6 c. à s. d'eau de fleur d'oranger ; 6 c. à s. de sucre en poudre ; 5 gouttes de présure.

PRÉPARATION

1. Dans un saladier, mélangez le lait avec l'eau de fleur d'oranger et le sucre en poudre jusqu'à ce que ce dernier soit bien dissous.
2. Ajoutez la présure et remuez délicatement.
3. Versez la préparation dans les pots et mettez la yaourtière en marche, programme yaourts, pendant 12 heures.
4. Refermez les pots et mettez-les au frais. Patientez au moins 4 heures avant de déguster.

L'ASTUCE EN +

Servez avec des petits financiers à la pistache : un régal !

LAITS EMPRÉSURÉS VANILLE-AGAVE

Pour 8 pots
Préparation : 5 minutes
Chauffe : 12 heures
Attente : 4 heures

INGRÉDIENTS

1 litre de lait entier ; 1 c. à s. d'extrait de vanille ; 8 c. à s. de sirop d'agave ; 5 gouttes de présure.

PRÉPARATION

1. Dans un saladier, mélangez le lait avec l'extrait de vanille et le sirop d'agave jusqu'à ce que le mélange soit bien homogène.
2. Ajoutez la présure et remuez délicatement.
3. Versez la préparation dans les pots et mettez la yaourtière en marche, programme yaourts, pendant 12 heures.
4. Refermez les pots et mettez-les au frais. Patientez au moins 4 heures avant de déguster.

L'ASTUCE EN +

Vous trouverez du sirop d'agave au rayon sucre de certains supermarchés et dans tous les magasins bio.

CAILLÉS VACHE-BREBIS

Pour 8 pots
Préparation : 5 minutes
Chauffe : 12 heures
Attente : 4 heures

INGRÉDIENTS
600 ml de lait de vache entier ; 400 ml de lait de brebis ; 5 gouttes de présure.

PRÉPARATION

1. Dans un saladier, versez les deux laits. Ajoutez la présure et remuez délicatement.
2. Versez la préparation dans les pots et mettez la yaourtière en marche, programme yaourts, pendant 12 heures.
3. Refermez les pots et mettez-les au frais. Patientez au moins 4 heures avant de déguster.

L'ASTUCE EN +

Si vous ne trouvez pas de lait de brebis frais, utilisez du lait de brebis en poudre (dans les magasins bio).

CAILLÉS SUCRÉS AU LAIT DE SOJA

Pour 8 pots
Préparation : 5 minutes
Chauffe : 12 heures
Attente : 4 heures

INGRÉDIENTS
1 litre de lait de soja ; 5 c. à s. de jus de citrons frais ; 6 c. à s. de sucre en poudre.

PRÉPARATION

1. Dans un saladier, versez le lait et le sucre. Remuez jusqu'à ce que le sucre soit bien dissous. Ajoutez le jus de citron et mélangez.
2. Versez la préparation dans les pots et mettez la yaourtière en marche, programme yaourts, pendant 12 heures.
3. Refermez les pots et mettez-les au frais. Patientez au moins 4 heures avant de déguster.

L'ASTUCE EN +

Dans cette recette totalement végétalienne (c'est-à-dire sans produit d'origine animale), on utilise le jus de citron à la place de la présure pour faire cailler le lait. Rappelons en effet que la présure est un produit d'origine animale (voir p. 33).

Chapitre 2

Les fromages blancs et les fromages frais

• Toutes les recettes qui suivent sont réalisées avec 1 litre de lait. Elles permettent de préparer 8 fromages blancs de 100 g environ.
• Ces recettes ont été réalisées avec une fromagère. Si vous possédez une yaourtière-fromagère, n'oubliez pas de sélectionner le programme fromages blancs. Vous pouvez aussi les réaliser sans machine, avec la technique traditionnelle (voir p. 41).
• Pensez à adapter les temps de chauffe et d'égouttage en fonction de votre machine et de vos goûts. Au fur et à mesure de vos expérimentations, vous trouverez les temps idéaux pour obtenir la texture parfaite.

LES FROMAGES BLANCS CLASSIQUES

FROMAGES BLANCS NATURE

Pour 8 pots
Préparation : 5 minutes
Chauffe : 16 heures
Égouttage : 15 minutes
Attente : 4 heures

INGRÉDIENTS
1 litre de lait entier ou demi-écrémé ; 100 g de fromage blanc ; 3 gouttes de présure ou 1 c. à s. de jus de citron.

PRÉPARATION

1. Dans un saladier, mélangez le fromage blanc et le lait. Ajoutez la présure ou le jus de citron, mélangez rapidement et versez la préparation dans les pots munis de leur égouttoir.
2. Mettez la fromagère en marche pendant 16 heures.
3. À la fin du programme, égouttez les fromages blancs pendant 15 minutes au réfrigérateur.
4. Videz le petit-lait et refermez les pots.
5. Réservez vos fromages blancs au frais et patientez au moins 4 heures avant de les déguster.

L'ASTUCE EN +

À déguster avec un coulis de fruits rouges !

FROMAGES BLANCS DE CAMPAGNE

Pour 8 pots
Préparation : 10 minutes
Chauffe : 16 heures
Égouttage : 15 minutes
Attente : 30 minutes + 4 heures

INGRÉDIENTS
1 litre de lait entier cru ; 100 g de fromage blanc ; 1 c. à s. de jus de citron.

PRÉPARATION

1. Versez le lait cru dans une casserole. Portez à ébullition et laissez bouillir 1 minute. Laissez refroidir 30 minutes.
2. Dans un saladier, mélangez le fromage blanc et le lait refroidi. Ajoutez le jus de citron, mélangez et versez la préparation dans les pots munis de leur égouttoir.
3. Mettez la fromagère en marche pendant 16 heures.
4. À la fin du programme, égouttez les fromages blancs pendant 15 minutes au réfrigérateur. Videz le petit-lait et refermez les pots. Réservez vos fromages blancs au frais et patientez au moins 4 heures avant de les déguster.

L'ASTUCE EN +

Il est absolument nécessaire de faire bouillir le lait cru avant utilisation, afin d'éliminer les germes et les bactéries pathogènes.

FROMAGES BLANCS LÉGERS

Pour 8 pots
Préparation : 5 minutes
Chauffe : 16 heures
Égouttage : 15 minutes
Attente : 4 heures

INGRÉDIENTS
1 litre de lait demi-écrémé ; 4 petits-suisses.

PRÉPARATION

1. Dans un saladier, mélangez les petits-suisses avec le lait. Versez la préparation dans les pots munis de leur égouttoir.
2. Mettez la fromagère en marche pendant 16 heures.
3. À la fin du programme, égouttez les fromages blancs pendant 15 minutes au réfrigérateur. Videz le petit-lait et refermez les pots. Réservez vos fromages blancs au frais et patientez au moins 4 heures avant de les déguster.

L'INFO EN +

Cette méthode de fabrication, sans présure ni jus de citron, donne un fromage blanc moins consistant, plus onctueux. À tester !

FROMAGES BLANCS ULTRA-CRÉMEUX

Pour 8 pots
Préparation : 5 minutes
Chauffe : 16 heures
Égouttage : 15 minutes
Attente : 4 heures

INGRÉDIENTS

1 litre de lait entier ; 100 ml de lait concentré non sucré ; 1 petit-suisse ; 3 gouttes de présure ou 1 c. à s. de jus de citron.

PRÉPARATION

1. Dans un saladier, mélangez le petit-suisse et le lait concentré, puis ajoutez le lait entier. Versez la présure ou le jus de citron. Mélangez rapidement et versez la préparation dans les pots munis de leur égouttoir.
2. Mettez la fromagère en marche pendant 16 heures.
3. À la fin du programme, égouttez les fromages blancs pendant 15 minutes au réfrigérateur. Videz le petit-lait et refermez les pots. Réservez vos fromages blancs au frais et patientez au moins 4 heures avant de les déguster.

L'ASTUCE EN +

Servis avec du miel, c'est un délice !

FROMAGES BLANCS AU LAIT RIBOT

Pour 8 pots
Préparation : 5 minutes
Chauffe : 16 heures
Égouttage : 15 minutes
Attente : 4 heures

INGRÉDIENTS
1 litre de lait ribot.

PRÉPARATION

1. Secouez la bouteille de lait ribot et versez le lait dans les pots munis de leur égouttoir.
2. Mettez la fromagère en marche pendant 16 heures.
3. À la fin du programme, égouttez les fromages blancs pendant 15 minutes au réfrigérateur. Videz le petit-lait et refermez les pots. Réservez vos fromages blancs au frais et patientez au moins 4 heures avant de les déguster.

L'ASTUCE EN +

Le lait ribot est un lait déjà fermenté. Inutile donc de rajouter des ferments et/ou de la présure et/ou du jus de citron. Pour un résultat plus ferme, vous pouvez cependant ajouter 1 ou 2 petits-suisses si vous le désirez.

FROMAGES BLANCS DE CHÈVRE

Pour 8 pots
Préparation : 5 minutes
Chauffe : 16 heures
Égouttage : 15 minutes
Attente : 4 heures

INGRÉDIENTS
1 litre de lait de chèvre ; 100 g de fromage blanc de chèvre ; 3 gouttes de présure ou 1 c. à s. de jus de citron.

PRÉPARATION

1. Dans un saladier, mélangez le fromage blanc et le lait. Ajoutez la présure ou le jus de citron, mélangez et versez la préparation dans les pots munis de leur égouttoir.
2. Mettez la fromagère en marche pendant 16 heures.
3. À la fin du programme, égouttez les fromages blancs pendant 15 minutes au réfrigérateur. Videz le petit-lait et refermez les pots. Réservez vos fromages blancs au frais et patientez au moins 4 heures avant de les déguster.

L'ASTUCE EN +

Résistez à la tentation de manger tous vos fromages blancs. Gardez-en quelques-uns, que vous laisserez égoutter plus longtemps, puis ferez ensuite affiner.

FROMAGES BLANCS AU LAIT DE SOJA

Pour 8 pots
Préparation : 5 minutes
Chauffe : 16 heures
Égouttage : 15 minutes
Attente : 4 heures

INGRÉDIENTS
1 litre de lait de soja ; 1 yaourt de soja ; 6 gouttes de présure.

PRÉPARATION

1. Dans un saladier, mélangez le lait de soja avec le yaourt. Ajoutez la présure et remuez délicatement. Versez la préparation dans les pots munis de leur égouttoir.
2. Mettez la fromagère en marche pendant 16 heures.
3. À la fin du programme, égouttez les fromages blancs pendant 15 minutes au réfrigérateur. Videz le petit-lait et refermez les pots. Réservez vos fromages blancs au frais et patientez au moins 4 heures avant de les déguster.

L'ASTUCE EN +

Vous pouvez aussi préparer cette recette avec du lait de soja parfumé à la vanille, par exemple.

FROMAGES BLANCS AU LAIT DE SOJA (BIS)

Pour 8 pots
Préparation : 5 minutes
Chauffe : 16 heures
Égouttage : 15 minutes
Attente : 4 heures

INGRÉDIENTS
1 litre de lait de soja ; 4 c. à s. de jus de citron frais.

PRÉPARATION

1. Dans un saladier, mélangez le lait de soja avec le jus de citron. Versez la préparation dans les pots munis de leur égouttoir.
2. Mettez la fromagère en marche pendant 16 heures.
3. À la fin du programme, égouttez les fromages blancs pendant 15 minutes au réfrigérateur. Videz le petit-lait et refermez les pots. Réservez vos fromages blancs au frais et patientez au moins 4 heures avant de les déguster.

L'ASTUCE EN +

Voilà une variante pour préparer des fromages blancs au lait de soja. Comme dans la recette précédente, vous pouvez utiliser du lait de soja parfumé, à la vanille par exemple.

FROMAGES BLANCS AU YAOURT (OU YAOURTS AU FROMAGE BLANC)

Pour 8 pots
Préparation : 10 minutes
Chauffe : 2 heures 30 minutes
Égouttage : 15 minutes
Attente : 30 minutes + 4 heures

INGRÉDIENTS
1 litre de lait cru entier ; 4 gouttes de présure ; ½ yaourt nature ; 2 petits-suisses.

PRÉPARATION

1. Versez le lait dans une casserole. Portez-le à ébullition et laissez bouillir 1 minute. Laissez refroidir 30 minutes.
2. Dans un saladier, mélangez le demi-yaourt avec les petits-suisses. Ajoutez le lait refroidi et mélangez. Versez la présure et remuez délicatement. Versez la préparation dans les pots munis de leur égouttoir.
3. Mettez la fromagère en marche pendant 2 heures 30 minutes.
4. À la fin du programme, égouttez les fromages blancs pendant 15 minutes au réfrigérateur. Videz le petit-lait et refermez les pots. Réservez vos fromages blancs au frais et patientez au moins 4 heures avant de les déguster.

L'INFO EN +

Cette recette, à mi-chemin entre le yaourt et le fromage blanc, permet d'obtenir un résultat frais et onctueux, en 2 heures 30 minutes seulement.

FROMAGES BLANCS AU LAIT DE CHÈVRE

Pour 8 pots
Préparation : 5 minutes
Chauffe : 16 heures
Égouttage : 15 minutes
Attente : 4 heures

INGRÉDIENTS
1 litre de lait de chèvre ; 100 g de fromage blanc au lait de chèvre ; 4 gouttes de présure.

PRÉPARATION

1. Dans un saladier, mélangez le fromage blanc et le lait. Ajoutez la présure, remuez délicatement et versez la préparation dans les pots munis de leur égouttoir.
2. Mettez la fromagère en marche pendant 16 heures.
3. À la fin du programme, égouttez les fromages blancs pendant 15 minutes au réfrigérateur. Videz le petit-lait et refermez les pots. Réservez vos fromages blancs au frais et patientez au moins 4 heures avant de les déguster.

L'ASTUCE EN +

Pour adoucir le goût du lait de chèvre, vous pouvez en remplacer la moitié par la même quantité de lait de vache.

FROMAGES BLANCS FAÇON FONTAINEBLEAU

Pour 8 pots
Préparation : 15 minutes
Chauffe : 16 heures
Égouttage : 3 heures

INGRÉDIENTS
1 litre de lait entier ou demi-écrémé ; 2 petits-suisses ; 1 c. à s. de jus de citron frais ; 20 cl de crème fraîche liquide entière.

PRÉPARATION

1. Dans un saladier, mélangez les petits-suisses et le lait. Ajoutez le jus de citron, remuez et versez la préparation dans les pots munis de leur égouttoir.
2. Mettez la fromagère en marche pendant 16 heures.
3. À la fin du programme, égouttez les fromages blancs pendant 3 heures au réfrigérateur, en vidant régulièrement le petit-lait.
4. Videz les fromages blancs dans un grand saladier. Dans un autre saladier, battez la crème liquide bien froide en chantilly. Incorporez-la délicatement dans le fromage blanc.
5. Servez immédiatement, ou dans les 2 jours maximum.

L'INFO EN +

Le Fontainebleau est un fromage frais mousseux et très crémeux, inventé à la fin du XIXe siècle dans la ville du même nom. On le déguste traditionnellement en dessert, accompagné de coulis de fruits, de confiture…

PETITS-SUISSES

Pour 8 pots
Préparation : 5 minutes
Chauffe : 16 heures
Égouttage : 12 heures

INGRÉDIENTS
1 litre de lait entier ou demi-écrémé ; 1 petit-suisse ; 4 gouttes de présure ou 1 c. à s. de jus de citron frais.

PRÉPARATION

1. Dans un saladier, mélangez le petit-suisse et le lait. Ajoutez le jus de citron ou la présure, remuez et versez la préparation dans les pots munis de leur égouttoir.
2. Mettez la fromagère en marche pendant 16 heures.
3. À la fin du programme, égouttez les petits-suisses pendant 12 heures au réfrigérateur, en vidant régulièrement le petit-lait. Réservez au frais jusqu'au moment de déguster.

L'INFO EN +

La principale différence entre le petit-suisse et le fromage blanc est le temps d'égouttage du caillé, plus long dans le premier cas. Ce qui donne une texture plus ferme et plus compacte.

PETITS-SUISSES À LA CRÈME

Pour 8 pots
Préparation : 15 minutes
Chauffe : 16 heures
Égouttage : 12 heures
Attente : 2 heures

INGRÉDIENTS
1 litre de lait entier ou demi-écrémé ; 1 petit-suisse ; 4 gouttes de présure ou 1 c. à s. de jus de citron frais ; 15 cl de crème fraîche liquide entière.

PRÉPARATION

1. Dans un saladier, mélangez le petit-suisse et le lait. Ajoutez le jus de citron ou la présure, remuez et versez la préparation dans les pots munis de leur égouttoir.
2. Mettez la fromagère en marche pendant 16 heures.
3. À la fin du programme, égouttez les petits-suisses pendant 12 heures au réfrigérateur, en vidant régulièrement le petit-lait.
4. Videz les petits-suisses dans un grand saladier. Ajoutez la crème liquide et battez vigoureusement de manière à obtenir un mélange bien homogène. Versez dans des petits pots et mettez au frais au moment 2 heures avant de déguster.

L'ASTUCE EN +

Vous pouvez aussi aromatiser vos petits-suisses en y ajoutant, en même temps que la crème, du coulis ou du sirop de fruits, du caramel liquide, de la confiture…

LES FROMAGES BLANCS PARFUMÉS

FROMAGES BLANCS À LA VANILLE

Pour 8 pots
Préparation : 10 minutes
Chauffe : 16 heures
Égouttage : 15 minutes
Attente : 4 heures

INGRÉDIENTS
1 litre de lait entier ou demi-écrémé ; 2 petits-suisses ; 3 gouttes de présure ou 1 c. à s. de jus de citron ; 2 c. à s. d'extrait de vanille liquide ; 6 c. à s. de sucre en poudre.

PRÉPARATION

1. Dans un saladier, mélangez les petits-suisses avec un peu de lait jusqu'à obtenir une consistance homogène. Versez le reste du lait, la vanille liquide et le sucre en poudre. Mélangez. Ajoutez le jus de citron ou la présure, remuez et versez la préparation dans les pots munis de leur égouttoir.
2. Mettez la fromagère en marche pendant 16 heures.
3. À la fin du programme, égouttez les fromages blancs pendant 15 minutes au réfrigérateur. Videz le petit-lait et refermez les pots. Réservez vos fromages blancs au frais et patientez au moins 4 heures avant de les déguster.

L'ASTUCE EN +

Pour une version encore plus gourmande, n'hésitez pas à agrémenter votre fromage blanc avec des petits morceaux de fruits frais, un coulis de fruits…

FROMAGES BLANCS À LA FRAISE

Pour 8 pots
Préparation : 5 minutes
Chauffe : 16 heures
Égouttage : 15 minutes
Attente : 4 heures

INGRÉDIENTS
1 litre de lait entier ou demi-écrémé ; 100 g de fromage blanc ; 3 gouttes de présure ou 1 c. à s. de jus de citron ; 4 c. à s. de sucre en poudre ; 6 c. à s. de sirop de fraises.

PRÉPARATION

1. Dans un saladier, mélangez le fromage blanc et le lait. Ajoutez le jus de citron ou la présure, remuez et versez la préparation dans les pots munis de leur égouttoir.
2. Mettez la fromagère en marche pendant 16 heures.
3. À la fin du programme, égouttez les fromages blancs pendant 15 minutes au réfrigérateur. Videz le petit-lait et refermez les pots. Réservez vos fromages blancs au frais et patientez au moins 4 heures.
4. Avant de servir, versez le fromage blanc dans un saladier. Ajoutez le sucre et le sirop de fraises. Mélangez et dégustez.

L'ASTUCE EN +

Vous pouvez bien sûr varier les sirops : grenadine, menthe, citron...

FROMAGES BLANCS À LA FLEUR D'ORANGER

Pour 8 pots
Préparation : 5 minutes
Chauffe : 16 heures
Égouttage : 15 minutes
Attente : 4 heures

INGRÉDIENTS
1 litre de lait entier ou demi-écrémé ; 100 g de fromage blanc ; 3 gouttes de présure ou 1 c. à s. de jus de citron ; 4 c. à s. d'eau de fleur d'oranger.

PRÉPARATION

1. Dans un saladier, mélangez le fromage blanc avec un peu de lait jusqu'à obtenir une consistance homogène. Versez le reste du lait et l'eau de fleur d'oranger. Mélangez. Ajoutez le jus de citron ou la présure, remuez et versez la préparation dans les pots munis de leur égouttoir.
2. Mettez la fromagère en marche pendant 16 heures.
3. À la fin du programme, égouttez les fromages blancs pendant 15 minutes au réfrigérateur. Videz le petit-lait et refermez les pots. Réservez vos fromages blancs au frais et patientez au moins 4 heures avant de les déguster.

L'ASTUCE EN +

Avant de servir, sucrez vos fromages blancs avec un peu de miel : un délice !

FROMAGES BLANCS À LA MENTHE

Pour 8 pots
Préparation : 10 minutes
Chauffe : 16 heures
Égouttage : 15 minutes
Attente : 20 minutes + 4 heures

INGRÉDIENTS
1 litre de lait entier ou demi-écrémé ; 100 g de fromage blanc ; 3 gouttes de présure ou 1 c. à s. de jus de citron ; 6 c. à s. de sucre en poudre ; 10 feuilles de menthe fraîche.

PRÉPARATION

1. Rincez les feuilles de menthe.
2. Versez le lait, la menthe et le sucre en poudre dans une petite casserole. Portez à ébullition puis laissez infuser hors du feu pendant 20 minutes. Filtrez.
3. Dans un saladier, mélangez le fromage blanc avec un peu de lait refroidi jusqu'à obtenir une consistance homogène, puis versez le reste du lait et mélangez. Ajoutez le jus de citron ou la présure, remuez et versez la préparation dans les pots munis de leur égouttoir.
4. Mettez la fromagère en marche pendant 16 heures.
5. À la fin du programme, égouttez les fromages blancs pendant 15 minutes au réfrigérateur. Videz le petit-lait et refermez les pots. Réservez vos fromages blancs au frais et patientez au moins 4 heures avant de les déguster.

→

L'ASTUCE EN +

Ces fromages blancs sont très rafraîchissants en été : servez-les avec des framboises fraîches, par exemple.

FROMAGES BLANCS AU LAIT DE COCO

Pour 8 pots
Préparation : 5 minutes
Chauffe : 16 heures
Égouttage : 2 heures
Attente : 4 heures

INGRÉDIENTS
1 litre de lait entier ou demi-écrémé ; 100 g de fromage blanc ; 3 gouttes de présure ou 1 c. à s. de jus de citron ; 6 c. à s. de sucre en poudre ; 20 cl de lait de coco ; 50 g de noix de coco râpée.

PRÉPARATION

1. Dans un saladier, mélangez le fromage blanc et le lait. Ajoutez la présure ou le jus de citron, remuez et versez la préparation dans les pots munis de leur égouttoir.
2. Mettez la fromagère en marche pendant 16 heures.
3. À la fin du programme, égouttez les fromages blancs pendant 2 heures au réfrigérateur, en vidant régulièrement le petit-lait. Refermez les pots et réservez vos fromages blancs au frais au moins 4 heures.
4. Versez le fromage blanc obtenu dans un saladier. Ajoutez le lait de coco et le sucre et mélangez. Servez les fromages blancs saupoudrés de noix de coco râpée.

L'ASTUCE EN +

Vous pouvez préparer la même recette en remplaçant le lait de coco par du lait d'amandes, et la noix de coco râpée par des amandes effilées préalablement grillées à sec dans une poêle antiadhésive.

FROMAGES BLANCS À L'AMANDE ET AU MIEL

Pour 8 pots
Préparation : 15 minutes
Chauffe : 16 heures
Égouttage : 15 minutes
Attente : 4 heures

INGRÉDIENTS
1 litre de lait entier ou demi-écrémé ; 100 g de fromage blanc ; 1 c. à s. de jus de citron frais ; 4 c. à s. de miel liquide ; 4 c. à s. de purée d'amandes.

PRÉPARATION

1. Dans un saladier, mélangez le fromage blanc et le lait. Ajoutez le jus de citron, remuez et versez la préparation dans les pots munis de leur égouttoir.
2. Mettez la fromagère en marche pendant 16 heures.
3. À la fin du programme, égouttez les fromages blancs pendant 15 minutes au réfrigérateur. Videz le petit-lait et refermez les pots. Réservez vos fromages blancs au frais et patientez au moins 4 heures.
4. Mélangez le miel et la purée d'amandes. Ajoutez un peu d'eau pour obtenir une consistance sirupeuse. Versez cette préparation sur les fromages blancs avant de servir.

L'ASTUCE EN +

Pour une version encore plus gourmande, parsemez d'amandes effilées préalablement grillées à sec dans une poêle antiadhésive.

FROMAGES BLANCS AUX BISCUITS ET À LA CRÈME DE MARRON

Pour 8 pots
Préparation : 15 minutes
Chauffe : 16 heures
Égouttage : 15 minutes
Attente : 4 heures

INGRÉDIENTS

1 litre de lait entier ou demi-écrémé ; 100 g de fromage blanc ; 3 gouttes de présure ou 1 c. à s. de jus de citron frais ; 4 c. à s. de crème fraîche épaisse entière ; 6 c. à s. de sucre en poudre ; 8 c. à s. de crème de marron ; 8 spéculoos.

PRÉPARATION

1. Dans un saladier, mélangez le fromage blanc et le lait. Ajoutez la présure ou le jus de citron, remuez et versez la préparation dans les pots munis de leur égouttoir.
2. Mettez la fromagère en marche pendant 16 heures.
3. À la fin du programme, égouttez les fromages blancs pendant 15 minutes au réfrigérateur. Videz le petit-lait et refermez les pots. Réservez vos fromages blancs au frais et patientez au moins 4 heures.
4. Versez le fromage blanc dans un grand saladier. Ajoutez le sucre et la crème fraîche. Battez le tout à l'aide d'un fouet.
5. Écrasez grossièrement les spéculoos.

→

6. Lavez et séchez les pots de la fromagère. Répartissez la préparation dans les pots. Versez sur chaque pot 1 cuillère à soupe de crème de marron et parsemez de spéculoos écrasés. Servez sans attendre.

L'ASTUCE EN +

Vous pouvez remplacer la crème de marrons par de la pâte à tartiner au chocolat, de la confiture de lait…

FROMAGES BLANCS POMME-CITRON

Pour 8 pots
Préparation : 15 minutes
Chauffe : 16 heures
Égouttage : 15 minutes
Attente : 4 heures

INGRÉDIENTS
1 litre de lait entier ou demi-écrémé ; 100 g de fromage blanc ; 3 gouttes de présure ou 1 c. à s. de jus de citron frais ; ½ citron vert ; 1 pomme verte ; 6 c. à s. de sucre en poudre.

PRÉPARATION

1. Dans un saladier, mélangez le fromage blanc et le lait. Ajoutez la présure ou le jus de citron, remuez et versez la préparation dans les pots munis de leur égouttoir.
2. Mettez la fromagère en marche pendant 16 heures.
3. À la fin du programme, égouttez les fromages blancs pendant 15 minutes au réfrigérateur.
4. Videz le petit-lait et refermez les pots. Réservez vos fromages blancs au frais et patientez au moins 4 heures avant de les déguster.
5. Pressez le demi-citron vert. Épluchez la pomme et coupez-la en brunoise (tout petits dés).
6. Versez le fromage blanc dans un grand saladier. Ajoutez le sucre, le jus du demi-citron vert et la brunoise de pomme. Mélangez et servez sans attendre.

→

L'ASTUCE EN +

Vous pouvez remplacer la pomme par un autre fruit : poire, ananas… Vous pouvez également, bien sûr, remplacer le demi-citron vert par un demi-citron jaune.

FROMAGES BLANCS VANILLE-CHANTILLY

Pour 8 pots
Préparation : 20 minutes
Chauffe : 16 heures
Égouttage : 3 heures

INGRÉDIENTS
1 litre de lait entier ou demi-écrémé ; 3 petits-suisses ; 3 gouttes de présure ou 1 c. à s. de jus de citron frais ; 20 cl de crème fraîche liquide entière ; 4 c. à s. de sucre glace ; quelques gouttes d'extrait de vanille.

PRÉPARATION

1. Dans un saladier, mélangez les petits-suisses et le lait. Ajoutez le jus de citron, remuez et versez la préparation dans les pots munis de leur égouttoir.
2. Mettez la fromagère en marche pendant 16 heures.
3. À la fin du programme, égouttez les fromages blancs pendant 3 heures au réfrigérateur, en vidant régulièrement le petit-lait.
4. Videz les fromages blancs dans un grand saladier. Dans un autre saladier, battez la crème liquide bien froide en chantilly avec le sucre glace et la vanille. Incorporez délicatement la chantilly dans le fromage blanc.
5. Servez immédiatement.

L'ASTUCE EN +

Une version encore plus gourmande du Fontainebleau traditionnel (voir p. 124).

PETITS-SUISSES À LA VANILLE

Pour 8 pots
Préparation : 15 minutes
Chauffe : 16 heures
Égouttage : 12 heures
Attente : 2 heures

INGRÉDIENTS

1 litre de lait entier ; 1 petit-suisse ; 3 gouttes de présure ou 1 c. à s. de jus de citron frais ; 15 cl de crème fraîche liquide entière ; quelques gouttes d'extrait de vanille liquide.

PRÉPARATION

1. Dans un saladier, mélangez le petit-suisse et le lait. Ajoutez le jus de citron ou la présure, remuez et versez la préparation dans les pots munis de leur égouttoir.
2. Mettez la fromagère en marche pendant 16 heures.
3. À la fin du programme, égouttez la préparation pendant 12 heures au réfrigérateur, en vidant régulièrement le petit-lait.
4. Videz la préparation égouttée dans un grand saladier. Ajoutez la crème liquide et la vanille, battez vigoureusement. Mettez au frais au moment 2 heures avant de déguster.

L'ASTUCE EN +

Vous pouvez, de la même façon, aromatiser vos petits-suisses avec de l'extrait de citron, de café, d'amandes amères…

PETITS-SUISSES GLACÉS À LA FRAISE

Pour 8 pots
Préparation : 15 minutes
Chauffe : 16 heures
Égouttage : 24 heures
Attente : 3 heures

INGRÉDIENTS
1 litre de lait entier ; 1 petit-suisse ; 3 gouttes de présure ou 1 c. à s. de jus de citron frais ; 15 cl de crème fraîche liquide entière ; 4 c. à s. de sucre en poudre ; 8 c. à s. de sirop de fraises.

PRÉPARATION

1. Dans un saladier, mélangez le petit-suisse et le lait. Ajoutez le jus de citron ou la présure, remuez et versez la préparation dans les pots munis de leur égouttoir.
2. Mettez la fromagère en marche pendant 16 heures.
3. À la fin du programme, égouttez la préparation pendant 24 heures au réfrigérateur, en vidant régulièrement le petit-lait.
4. Videz la préparation dans un grand saladier. Ajoutez la crème liquide, le sucre et le sirop de fraises et battez vigoureusement. Versez dans 8 petits pots en plastique ou en verre, plantez un bâtonnet en bois au centre de chaque pot. Mettez au congélateur au moins 3 heures avant de déguster.

L'ASTUCE EN +

Pour démouler facilement vos glaces, passez-les quelques secondes sous un filet d'eau chaude.

LES FROMAGES FRAIS SALÉS

FROMAGE À TARTINER

Pour 6 à 8 personnes
Préparation : 5 minutes
Chauffe : 16 heures
Égouttage : 48 heures
Attente : 1 heure

INGRÉDIENTS
1 litre de lait entier ; 100 g de crème fraîche épaisse entière ; 100 g de fromage blanc ; 3 gouttes de présure ou 1 c. à s. de jus de citron ; sel.

PRÉPARATION

1. Dans un saladier, mélangez le fromage blanc et la crème. Ajoutez le lait entier et mélangez jusqu'à obtenir une texture homogène. Ajoutez la présure ou le jus de citron, mélangez et versez la préparation dans les pots munis de leur égouttoir.
2. Mettez la fromagère en marche pendant 16 heures.
3. À la fin du programme, égouttez les fromages frais pendant 48 heures au réfrigérateur, en vidant régulièrement le petit-lait.
4. Versez le fromage frais dans un saladier. Salez-le à votre goût et battez-le. Réservez au frais au moins 1 heure avant de le déguster.

L'ASTUCE EN +

Vous pouvez aussi agrémenter votre fromage frais d'herbes fraîches ciselées (coriandre...), d'échalote, d'ail ou d'oignons finement émincés, de piment...

FROMAGE FRAIS AUX HERBES

Pour 6 à 8 personnes
Préparation : 15 minutes
Chauffe : 16 heures
Égouttage : 48 heures
Attente : 2 heures

INGRÉDIENTS

1 litre de lait entier ; 1 petit-suisse ; 3 gouttes de présure ou 1 c. à s. de jus de citron ; 100 g de crème fraîche épaisse entière ; herbes fraîches ciselées au choix (ciboulette, persil, coriandre…) ; sel, poivre.

PRÉPARATION

1. Dans un saladier, mélangez le petit-suisse avec le lait entier jusqu'à obtenir une texture homogène. Ajoutez la présure ou le jus de citron. Mélangez rapidement et versez la préparation dans les pots munis de leur égouttoir.
2. Mettez la fromagère en marche pendant 16 heures.
3. À la fin du programme, égouttez les fromages frais pendant 48 heures au réfrigérateur, en vidant régulièrement le petit-lait.
4. Versez le fromage blanc obtenu et la crème fraîche bien froide dans un saladier. Battez à l'aide d'un fouet électrique.
5. Lavez et ciselez les herbes. Ajoutez les herbes dans la préparation, salez, poivrez et mélangez. Réservez au frais au moins 2 heures avant de servir.

L'ASTUCE EN +

Vous pouvez servir cette préparation à l'apéritif, accompagnée de bâtonnets de crudités.

CERVELLE DE CANUT

Pour 6 à 8 personnes
Préparation : 15 minutes
Chauffe : 16 heures
Égouttages : 12 heures
Attente : 2 heures

INGRÉDIENTS
1 litre de lait entier ; 1 petit-suisse ; 3 gouttes de présure ou 1 c. à s. de jus de citron ; 2 gousses d'ail ; 2 petites échalotes ; ½ bouquet de persil ; 1 bouquet de ciboulette ; 3 c. à s. d'huile d'olive ; 3 c. à s. de vinaigre de vin.

PRÉPARATION

1. Dans un saladier, mélangez le petit-suisse avec le lait entier et mélangez jusqu'à obtenir une texture homogène. Ajoutez la présure ou le jus de citron, mélangez et versez la préparation dans les pots munis de leur égouttoir.
2. Mettez la fromagère en marche pendant 16 heures.
3. À la fin du programme, égouttez les fromages blancs pendant 12 heures au réfrigérateur, en vidant régulièrement le petit-lait.
4. Pelez et hachez finement l'ail et les échalotes. Rincez et ciselez la ciboulette et le persil.
5. Versez le fromage blanc obtenu dans un saladier. Ajoutez l'ail, les échalotes, la ciboulette, le persil, l'huile d'olive et le vinaigre. Mélangez et réservez au frais au moins 2 heures avant de servir.

L'ASTUCE EN +

Cette spécialité lyonnaise peut se déguster à l'apéro ou en entrée, accompagnée de tranches grillées de pain de campagne.

FROMAGES DE CHÈVRE FRAIS

Pour 8 petits fromages
Préparation : 5 minutes
Chauffe : 16 heures
Égouttage : 3 à 4 jours

INGRÉDIENTS
1 litre de lait de chèvre ; 1 yaourt au lait de chèvre ; 4 gouttes de présure.

PRÉPARATION

1. Dans un saladier, mélangez le yaourt et le lait de chèvre jusqu'à obtenir une texture homogène. Ajoutez la présure, mélangez et versez la préparation dans les pots munis de leur égouttoir.
2. Mettez la fromagère en marche pendant 16 heures.
3. À la fin du programme, égouttez les fromages frais pendant 3 à 4 jours au réfrigérateur, en vidant régulièrement le petit-lait et en tassant les caillés.
4. Démoulez les petits fromages frais sur une assiette avant de les servir.

L'ASTUCE EN +

Ces fromages frais peuvent se déguster nature, légèrement additionnés de sel et de poivre, ou bien agrémentés d'herbes fraîches ou d'épices. Sur des tranches grillées de pain de campagne, c'est un délice !

FROMAGES DE CHÈVRE DEMI-SECS

Pour 8 petits fromages
Préparation : 5 minutes
Chauffe : 16 heures
Égouttage : 3 à 4 jours
Affinage : 3 à 4 jours

INGRÉDIENTS

1 litre de lait de chèvre ; 1 yaourt au lait de chèvre ; 4 gouttes de présure ; sel.

PRÉPARATION

1. Dans un saladier, mélangez le yaourt et le lait de chèvre jusqu'à obtenir une texture homogène. Ajoutez la présure, mélangez et versez la préparation dans les pots munis de leur égouttoir.
2. Mettez la fromagère en marche pendant 16 heures.
3. À la fin du programme, égouttez les fromages frais pendant 3 à 4 jours au réfrigérateur, en vidant régulièrement le petit-lait et en tassant le fromage.
4. Démoulez les fromages sur une assiette. Salez le dessus. Couvrez-les avec un torchon humide et laissez reposer 3 à 4 jours dans une cave ou un garage (la température idéale est située entre 8 et 14 °C), en les retournant régulièrement.

L'ASTUCE EN +

Pour obtenir des fromages plus secs, prolongez l'affinage. Retournez et salez les fromages chaque jour, pendant deux semaines environ. Plus vous patientez, plus ils seront secs.

FROMAGES FRAIS AU THYM ET AU MIEL

Pour 8 pots
Préparation : 10 minutes
Chauffe : 16 heures
Égouttage : 4 heures
Attente : 1 heure

INGRÉDIENTS

1 litre de lait entier ; 100 g de fromage blanc ; 3 gouttes de présure ou 1 c. à s. de jus de citron ; 10 cl de crème fraîche entière ; 8 c. à s. de miel liquide ; quelques branches de thym frais.

PRÉPARATION

1. Dans un saladier, mélangez le fromage blanc avec le lait. Ajoutez la présure ou le jus de citron, et versez dans les pots munis des égouttoirs.
2. Mettez la fromagère en marche pendant 16 heures.
3. À la fin du programme, égouttez les fromages frais pendant 4 heures au réfrigérateur, en vidant régulièrement le petit-lait.
4. Versez ensuite le fromage frais obtenu dans un saladier et mélangez-le avec la crème fraîche en battant à l'aide d'un fouet.
5. Lavez et séchez vos pots, puis remplissez-les avec la préparation précédente. Ajoutez dans chaque pot une cuillère à soupe de miel liquide, et émiettez le thym frais. Mettez au frais au moins 1 heure avant de servir.

L'ASTUCE EN +

À déguster sur des petits morceaux de pain grillé !

Chapitre 3

Les desserts lactés

Toutes les recettes de cette partie peuvent être réalisées dans votre yaourtière-fromagère, si vous disposez d'une fonction cuisson à la vapeur. Sinon, vous pouvez les réaliser dans un cuit-vapeur, ou au four, dans un bain-marie. Les temps de cuisson sont les mêmes, sauf indication contraire.

LES CRÈMES

CRÈMES AUX ŒUFS

Pour 8 pots
Préparation : 20 minutes
Cuisson : 30 minutes
Attente : 2 heures

INGRÉDIENTS
500 ml de lait entier ; 200 ml de crème liquide entière ; 3 œufs ; 80 g de sucre en poudre ; 2 sachets de sucre vanillé ; 20 g de fécule de maïs.

PRÉPARATION

1. Diluez la fécule de maïs dans un peu de lait. Versez dans une casserole, ajoutez le reste du lait et la crème. Faites tiédir à feu doux en remuant jusqu'à ce que le mélange épaississe.
2. Dans un saladier, fouettez les œufs avec le sucre en poudre et le sucre vanillé, jusqu'à ce que le mélange blanchisse.
3. Ajoutez le lait tiédi et mélangez. Versez dans les pots.
4. Faites cuire 30 minutes dans votre machine (programme dessert lacté). Vous pouvez aussi faire cuire vos crèmes 30 minutes à la vapeur ou au bain-marie, dans un four préchauffé à 180 °C. Laissez refroidir et mettez au frais au moins 2 heures avant de déguster.

L'ASTUCE EN +

Pour une version plus légère, remplacer le lait entier par du lait demi-écrémé, et la crème entière par de la crème à 20 % de matières grasses.

CRÈMES BRÛLÉES

Pour 8 pots
Préparation : 20 minutes
Cuisson : 30 minutes
Attente : 15 minutes + 2 heures

INGRÉDIENTS
650 ml de crème fleurette ; 50 ml de lait demi-écrémé ; 2 œufs entiers + 2 jaunes ; 80 g de sucre en poudre ; 8 c. à s. de sucre roux ; 1 gousse de vanille.

PRÉPARATION

1. Versez le lait dans une petite casserole.
2. Ouvrez la gousse de vanille en deux dans le sens de la longueur. Grattez les petits grains noirs à l'aide de la pointe d'un couteau. Versez-les dans le lait, ainsi que la gousse de vanille fendue. Portez à ébullition puis laissez infuser hors du feu pendant 15 minutes. Retirez la gousse de vanille.
3. Dans un saladier, mélangez les œufs entiers, les jaunes et le sucre en poudre. Ajoutez le lait tiédi et la crème, mélangez. Versez dans les pots.
4. Faites cuire 30 minutes dans votre machine (programme dessert lacté). Vous pouvez aussi faire cuire vos crèmes 30 minutes à la vapeur ou au bain-marie, dans un four préchauffé à 180 °C (th. 6). Laissez refroidir et mettez au frais au moins 2 heures avant de déguster.
5. Avant de servir, saupoudrez les crèmes avec une cuillère à soupe de sucre roux. Faites caraméliser à l'aide d'un chalumeau. Servez sans attendre.

→

L'ASTUCE EN +

La méthode la plus simple et la plus pratique pour faire « brûler » une crème est d'utiliser un chalumeau. À défaut, passez vos crèmes quelques instants sous le gril du four bien chaud, en surveillant attentivement la caramélisation. Pour qu'elles restent froides et éviter qu'elles ne recuisent, placez-les au préalable 15 minutes au congélateur.

CRÈMES À LA VANILLE

Pour 8 pots
Préparation : 15 minutes
Cuisson : 30 minutes
Attente : 15 minutes + 2 heures

INGRÉDIENTS
500 ml de lait concentré non sucré ; 250 ml de crème liquide entière ; 3 jaunes d'œufs ; 60 g de sucre en poudre ; 1 gousse de vanille.

PRÉPARATION

1. Versez la crème et le lait concentré dans une casserole. Ouvrez la gousse de vanille en deux dans le sens de la longueur. Grattez l'intérieur à l'aide de la pointe d'un couteau pour récupérer les grains noirs. Versez-les dans le mélange lait concentré + crème, ainsi que la gousse de vanille. Faites tiédir à feu doux. Laissez infuser hors du feu pendant 15 minutes.
2. Pendant ce temps, battez les jaunes d'œufs avec le sucre jusqu'à ce que le mélange blanchisse. Ajoutez le lait tiédi et mélangez. Versez dans les pots.
3. Faites cuire 30 minutes dans votre machine (programme dessert lacté). Vous pouvez aussi faire cuire vos crèmes 30 minutes à la vapeur ou au bain-marie, dans un four préchauffé à 180 °C (th. 6). Laissez refroidir et mettez au frais au moins 2 heures avant de déguster.

L'ASTUCE EN +

Ne jetez pas la gousse de vanille après utilisation. Rincez-la et laissez-la sécher. Vous pourrez ensuite la mettre dans votre paquet ou votre pot de sucre en poudre : elle le parfumera subtilement.

CRÈMES AU CHOCOLAT

Pour 8 pots
Préparation : 15 minutes
Cuisson : 30 minutes
Attente : 2 heures

INGRÉDIENTS
400 ml de lait entier ; 350 ml de crème liquide entière ; 1 œuf entier + 1 jaune d'œuf ; 100 g de sucre en poudre ; 120 g de chocolat à pâtisser.

PRÉPARATION

1. Cassez le chocolat en petits morceaux et déposez-les dans un saladier.
2. Versez la crème et le lait dans une petite casserole. Faites chauffer le mélange sans le laisser bouillir. Versez-le sur le chocolat en morceaux. Mélangez à la spatule jusqu'à ce que le chocolat soit bien fondu et le mélange homogène.
3. Dans un autre saladier, battez l'œuf, le jaune et le sucre à l'aide d'un fouet, jusqu'à ce que le mélange blanchisse. Ajoutez petit à petit le mélange lait + crème + chocolat. Versez dans les pots.
4. Faites cuire 30 minutes dans votre machine (programme dessert lacté). Vous pouvez aussi faire cuire vos crèmes 30 minutes à la vapeur ou au bain-marie, dans un four préchauffé à 180 °C (th. 6). Laissez refroidir et mettez au frais au moins 2 heures avant de déguster.

L'ASTUCE EN +

Vous pouvez préparer cette recette avec du chocolat noir ou au lait.

CRÈMES À LA PÂTE À TARTINER

Pour 8 pots
Préparation : 15 minutes
Cuisson : 25 minutes
Attente : 2 heures

INGRÉDIENTS
350 ml de lait demi-écrémé ; 350 ml de crème liquide entière ; 100 g de pâte à tartiner chocolat-noisettes ; 1 œuf entier + 1 jaune ; 50 g de sucre en poudre.

PRÉPARATION

1. Dans une petite casserole, versez le lait, la crème et la pâte à tartiner. Faites chauffer tout doucement, en remuant sans cesse, jusqu'à ce que la pâte à tartiner soit bien dissoute.
2. Dans un saladier, battez l'œuf entier, le jaune et le sucre à l'aide d'un fouet jusqu'à ce que le mélange blanchisse.
3. Ajoutez petit à petit la préparation lait + crème + pâte à tartiner sur le mélange œufs + sucre, et mélangez. Versez la préparation dans les pots.
4. Faites cuire 25 minutes dans votre machine (programme dessert lacté). Vous pouvez aussi faire cuire vos crèmes 25 minutes à la vapeur ou au bain-marie, dans un four préchauffé à 180 °C (th. 6). Laissez refroidir et mettez au frais au moins 2 heures avant de déguster.

L'ASTUCE EN +

Autre recette : mélangez 80 g de purée de noisettes (en magasin bio) + 2 cuillères à soupe bombées de cacao en poudre + 2 cuillères à soupe de miel liquide. Allongez avec un peu d'eau ou de lait si nécessaire, de manière à obtenir un mélange homogène.

CRÈMES LÉGÈRES À LA FLEUR D'ORANGER

Pour 8 pots
Préparation : 10 minutes
Chauffe : 25 minutes
Attente : 2 heures

INGRÉDIENTS
800 ml de lait demi-écrémé ; 6 jaunes d'œufs ; 200 g de sucre en poudre ; 6 c. à s. d'eau de fleur d'oranger.

PRÉPARATION

1. Versez le lait dans une casserole et portez-le à ébullition. Hors du feu, ajoutez l'eau de fleur d'oranger.
2. Dans un saladier, battez les jaunes d'œufs avec le sucre jusqu'à ce que le mélange blanchisse. Ajoutez le lait bouillant et mélangez. Versez dans les pots.
3. Faites cuire 25 minutes dans votre machine (programme dessert lacté). Vous pouvez aussi faire cuire vos crèmes 25 minutes à la vapeur ou au bain-marie, dans un four préchauffé à 180 °C (th. 6). Laissez refroidir et mettez au frais au moins 2 heures avant de déguster.

LES ASTUCES EN +

Vous pouvez préparer la même recette avec de l'eau de rose à la place de l'eau de fleur d'oranger.
Avec les blancs d'œufs restants, préparez des meringues ! Battez simplement les blancs avec 250 g de sucre glace et une pincée de sel. Faites cuire au four thermostat 4 (120 °C) pendant 1 heure.

CRÈMES AU CARAMEL AU BEURRE SALÉ

Pour 8 pots
Préparation : 15 minutes
Cuisson : 25 minutes
Attente : 2 heures

INGRÉDIENTS
400 ml de crème fleurette ; 250 ml de lait concentré non sucré ; 3 jaunes d'œufs ; 150 g de caramel au beurre salé ; 1 c. à s. de sucre en poudre.

PRÉPARATION

1. Versez la crème et le lait concentré dans une petite casserole. Quand le mélange est chaud, ajoutez le caramel au beurre salé, et faites-le fondre à feu doux en mélangeant.
2. Dans un saladier, battez les jaunes d'œufs avec le sucre jusqu'à ce que le sucre soit bien dissous. Ajoutez le lait au caramel et mélangez. Versez dans les pots.
3. Faites cuire 25 minutes dans votre machine (programme dessert lacté). Vous pouvez aussi faire cuire vos crèmes 25 minutes à la vapeur ou au bain-marie, dans un four préchauffé à 180 °C (th. 6). Laissez refroidir et mettez au frais au moins 2 heures avant de déguster.

→

L'ASTUCE EN +

Vous pouvez utiliser du caramel au beurre salé tout prêt. Ou bien le faire vous-même ! La recette est la suivante :

- Versez 60 g de sucre en poudre dans une casserole et faites-le fondre à feu doux sans mélanger.
- Pendant ce temps, faites chauffer 200 ml de crème liquide entière dans une autre petite casserole, sans la laisser bouillir. Détaillez 250 g de beurre salé en petits morceaux.
- Une fois que votre sucre est bien fondu (mais avant que le caramel ne fonce), ajoutez à nouveau 60 g de sucre. Refaites la même opération encore deux fois (soit 240 g de sucre au total).
- Versez ensuite la crème chaude dans le caramel et mélangez bien. Ajoutez le beurre et continuez à mélanger jusqu'à ce qu'il soit bien fondu, et que le mélange soit homogène.
- Versez dans un pot en verre (type pot à confiture) et conservez au frais pendant une dizaine de jours.

CRÈMES À LA PISTACHE

Pour 8 pots
Préparation : 10 minutes
Chauffe : 30 minutes
Attente : 2 heures

INGRÉDIENTS

550 ml de lait ; 200 ml de crème liquide entière ; 3 œufs ; 100 g de sucre en poudre ; 1 c. à s. bombée de fécule de maïs ; 3 c. à s. de pâte de pistaches non sucrée.

PRÉPARATION

1. Diluez la fécule avec un peu de lait. Versez dans une casserole. Ajoutez le reste du lait et la crème liquide. Faites chauffer à feu doux jusqu'à ce que le mélange épaississe. Hors du feu, ajoutez la pâte de pistaches et mélangez jusqu'à ce qu'elle soit bien fondue.
2. Dans un petit saladier, battez les œufs avec le sucre en poudre. Ajoutez le mélange lait + crème + pistache et mélangez. Versez dans les pots.
3. Faites cuire 30 minutes dans votre machine (programme dessert lacté). Vous pouvez aussi faire cuire vos crèmes 30 minutes à la vapeur ou au bain-marie, dans un four préchauffé à 180 °C (th. 6). Laissez refroidir et mettez au frais au moins 2 heures avant de déguster.

L'ASTUCE EN +

Si la couleur verte vous manque, ajoutez 4 à 5 gouttes de colorant alimentaire vert. Cela ne changera pas le goût de votre crème.

CRÈMES AU CAFÉ

Pour 8 pots
Préparation : 10 minutes
Chauffe : 30 minutes
Attente : 2 heures

INGRÉDIENTS
700 ml de crème fleurette ; 150 ml de lait demi-écrémé ; 2 œufs + 4 jaunes ; 20 g de café soluble ; 120 g de sucre en poudre.

PRÉPARATION

1. Versez la crème et le lait dans une petite casserole. Faites chauffer sans laisser bouillir.
2. Dans un saladier, battez les œufs entiers avec les jaunes, le sucre et le café, jusqu'à ce que le mélange soit homogène.
3. Ajoutez le mélange lait + crème et mélangez. Versez dans les pots.
4. Faites cuire 30 minutes dans votre machine (programme dessert lacté). Vous pouvez aussi faire cuire vos crèmes 30 minutes à la vapeur ou au bain-marie, dans un four préchauffé à 180 °C (th. 6). Laissez refroidir et mettez au frais au moins 2 heures avant de déguster.

L'ASTUCE EN +

Vous pouvez aussi remplacer le café soluble par un expresso bien fort ou une à deux cuillères à soupe d'extrait de café.

CRÈMES AU CARAMEL ET AU LAIT DE SOJA

Pour 8 pots
Préparation : 10 minutes
Cuisson : 30 minutes
Attente : 2 heures

INGRÉDIENTS
800 ml de lait de soja ; 5 œufs ; 80 ml de caramel liquide ; 3 c. à s. de sucre en poudre.

PRÉPARATION

1. Versez le lait dans une casserole et portez-le à ébullition. Hors du feu, ajoutez le caramel et mélangez.
2. Dans un saladier, battez les œufs et le sucre jusqu'à ce que celui-ci soit bien dissous. Ajoutez le lait au caramel en fouettant. Versez dans les pots.
3. Faites cuire 30 minutes dans votre machine (programme dessert lacté). Vous pouvez aussi faire cuire vos crèmes 30 minutes à la vapeur ou au bain-marie, dans un four préchauffé à 180 °C (th. 6). Laissez refroidir et mettez au frais au moins 2 heures avant de déguster.

L'ASTUCE EN +

Vous pouvez aussi préparer ces crèmes avec du caramel au beurre salé (voir la recette p. 162).

CRÈMES À LA NOIX DE COCO

Pour 8 crèmes
Préparation : 10 minutes
Cuisson : 30 minutes
Attente : 2 heures

INGRÉDIENTS
500 ml de lait de coco ; 200 ml de lait concentré sucré ; 3 jaunes d'œufs ; 8 c. à s. de noix de coco râpée.

PRÉPARATION

1. Versez le lait de coco, le lait concentré et la noix de coco dans une petite casserole. Faites tiédir à feu doux, en remuant de temps en temps.
2. Pendant ce temps, battez les jaunes d'œufs. Ajoutez la préparation précédente tiédie en mélangeant bien. Versez la préparation dans les pots.
3. Faites cuire 30 minutes dans votre machine (programme dessert lacté). Vous pouvez aussi faire cuire vos crèmes 30 minutes à la vapeur ou au bain-marie, dans un four préchauffé à 180 °C (th. 6). Laissez refroidir et mettez au frais au moins 2 heures avant de déguster.

L'ASTUCE EN +

Avant de servir, parsemez cette crème de copeaux de chocolat noir : un régal !

CRÈMES MOUSSEUSES

Pour 8 crèmes
Préparation : 15 minutes
Cuisson : 35 à 50 minutes
Attente : 30 minutes + 2 heures

INGRÉDIENTS
450 ml de crème liquide entière ; 4 blancs d'œufs ; 50 g de sucre en poudre ; 1 gousse de vanille.

PRÉPARATION

1. Versez la crème dans une casserole. Ouvrez la gousse de vanille en deux dans le sens de la longueur. Grattez les petits grains noirs à l'aide de la pointe de votre couteau. Versez-les dans la crème, ainsi que la gousse de vanille fendue. Faites chauffer la crème à feu doux pendant 5 minutes sans la laisser bouillir. Laissez infuser hors du feu 30 minutes.
2. Battez légèrement les blancs avec le sucre (ils ne doivent pas être en neige). Ajoutez la crème refroidie et mélangez. Versez dans les pots.
3. Faites cuire 30 minutes dans votre machine (programme dessert lacté). Vous pouvez aussi faire cuire vos crèmes à la vapeur ou au bain-marie, dans un four préchauffé à 120 °C (th. 4) pendant 45 minutes. Laissez refroidir et mettez au frais au moins 2 heures avant de déguster.

→

L'ASTUCE EN +

Vous pouvez parfumer votre crème avec de la fleur d'oranger ou de l'extrait d'amandes amères à la place de la vanille. Vous pouvez aussi servir ce dessert avec des fruits frais, un coulis de fruits ou de chocolat, le parsemer d'amandes grillées, de pralin…

CRÈMES À L'AMANDE AMÈRE

Pour 8 pots
Préparation : 10 minutes
Chauffe : 30 minutes
Attente : 2 heures

INGRÉDIENTS

400 ml de lait concentré non sucré ; 200 ml de lait entier ; 2 œufs entiers + 1 jaune ; 15 g de sucre en poudre ; quelques gouttes d'extrait d'amandes amères.

PRÉPARATION

1. Versez le lait concentré, le lait entier et l'extrait d'amandes amères dans une casserole. Faites chauffer jusqu'à ébullition.
2. Fouettez les œufs entiers et le jaune avec le sucre jusqu'à ce que le sucre soit bien dissous. Ajoutez la préparation précédente tiédie et mélangez. Versez dans les pots.
3. Faites cuire 30 minutes dans votre machine (programme dessert lacté). Vous pouvez aussi faire cuire vos crèmes 30 minutes à la vapeur ou au bain-marie, dans un four préchauffé à 180 °C (th. 6). Laissez refroidir et mettez au frais au moins 2 heures avant de déguster.

L'ASTUCE EN +

Prudence sur le dosage de l'extrait d'amandes amères : il est très intense en goût. Fiez-vous aux indications mentionnées sur l'étiquette.

CRÈMES VANILLE-MASCARPONE

Pour 8 crèmes
Préparation : 10 minutes
Cuisson : 35 minutes
Attente : 2 heures

INGRÉDIENTS
250 g de mascarpone ; 450 ml de lait entier ; 3 œufs ; 100 g de sucre en poudre ; 2 c. à s. d'extrait de vanille liquide.

PRÉPARATION

1. Mélangez le mascarpone avec un peu de lait de manière à le rendre plus liquide. Ajoutez ensuite le reste de lait.
2. Dans un autre saladier, battez les œufs avec le sucre en poudre et la vanille jusqu'à ce que le mélange blanchisse. Ajoutez la préparation lait + mascarpone et mélangez. Versez dans les pots.
3. Faites cuire 35 minutes dans votre machine (programme dessert lacté). Vous pouvez aussi faire cuire vos crèmes 35 minutes à la vapeur ou au bain-marie, dans un four préchauffé à 180 °C (th. 6). Laissez refroidir et mettez au frais au moins 2 heures avant de déguster.

L'ASTUCE EN +

Vous pouvez parfumer votre crème avec de la fleur d'oranger ou de l'extrait d'amandes amères à la place de la vanille. Vous pouvez aussi servir ce dessert avec des fruits frais, un coulis de fruits ou de chocolat, le parsemer d'amandes grillées, de pralin…

CRÈMES RENVERSÉES AU CARAMEL

Pour 8 crèmes
Préparation : 20 minutes
Cuisson : 30 minutes
Attente : 15 minutes + 2 heures

INGRÉDIENTS
350 ml de lait entier ; 350 ml de crème liquide entière ; 3 gros œufs ; 260 g de sucre en poudre ; 1 gousse de vanille.

PRÉPARATION

1. Préparez le caramel : versez 150 g de sucre dans une poêle et faites chauffer à feu doux, sans ajouter d'eau et sans remuer. Une fois que tout le sucre est fondu, versez le caramel dans les pots.
2. Versez le lait dans une petite casserole. Ouvrez la gousse de vanille en deux dans le sens de la longueur. Grattez l'intérieur à l'aide de la pointe d'un couteau. Mettez-les dans le lait, ainsi que la gousse de vanille fendue, et portez à ébullition à feu doux. Puis laissez infuser 15 minutes hors du feu. Ôtez la gousse de vanille.
3. Dans un saladier, battez rapidement les œufs avec le reste de sucre en poudre jusqu'à ce que le sucre soit bien dissous. Ajoutez le lait vanillé tiédi et la crème. Versez dans les pots.
4. Faites cuire 30 minutes dans votre machine (programme dessert lacté). Vous pouvez aussi faire cuire vos crèmes 30 minutes à la vapeur ou au bain-marie, dans un four préchauffé à 180 °C (th. 6). Laissez refroidir et mettez au frais au moins 2 heures.

→

5. Au moment de servir, passez un couteau sur le bord des pots afin de « décoller » la crème et démoulez-les sur une petite assiette, afin que le caramel coule tout autour.

L'ASTUCE EN +

Attention à ne pas laisser trop colorer votre caramel. Ôtez-le du feu une fois qu'il commence à blondir. Et prudence lorsque vous le versez dans les pots : il est brûlant !

CRÈMES VANILLE-FRUITS ROUGES

Pour 8 crèmes
Préparation : 10 minutes
Cuisson : 30 minutes
Attente : 2 heures

INGRÉDIENTS
700 ml de lait entier ; 3 œufs ; 75 g de sucre en poudre ; 2 c. à s. d'extrait de vanille liquide ; 8 c. à s. de coulis de fruits rouges.

PRÉPARATION

1. Versez le lait dans une petite casserole. Ajoutez la vanille. Faites chauffer à feu doux.
2. Dans un saladier, battez les œufs avec le sucre jusqu'à ce que le mélange blanchisse. Ajoutez le lait tiédi en continuant à battre.
3. Déposez 1 cuillère à soupe de coulis de fruits rouges dans chaque pot, puis versez par-dessus la préparation aux œufs.
4. Faites cuire 30 minutes dans votre machine (programme dessert lacté). Vous pouvez aussi faire cuire vos crèmes 30 minutes à la vapeur ou au bain-marie, dans un four préchauffé à 180 °C (th. 6). Laissez refroidir et mettez au frais au moins 2 heures avant de déguster.

L'ASTUCE EN +

Avant de servir, décorez vos petites crèmes avec quelques fruits rouges frais : framboises, lamelles de fraises, myrtilles…

ET AUSSI…

CLAFOUTIS AUX ABRICOTS

Pour 8 pots
Préparation : 15 minutes
Cuisson : 30 minutes

INGRÉDIENTS
200 ml de lait demi-écrémé ; 200 ml de crème fraîche épaisse entière ; 3 gros œufs ; 100 g de farine ; 180 g de sucre en poudre ; 50 g de beurre ; 8 oreillons d'abricots au sirop.

PRÉPARATION

1. Dans une petite casserole ou au four à micro-ondes, faites fondre le beurre sans le laisser colorer.
2. Mélangez les œufs et le sucre en poudre jusqu'à ce que le mélange blanchisse. Ajoutez la farine petit à petit en mélangeant. Ajoutez le beurre fondu, la crème et le lait. Mélangez à nouveau. Versez la préparation dans les pots.
3. Coupez les abricots en petits morceaux et répartissez-les dans les pots.
4. Faites cuire 30 minutes dans votre machine (programme dessert lacté). Vous pouvez aussi faire cuire vos clafoutis 30 minutes à la vapeur ou au bain-marie, dans un four préchauffé à 180 °C (th. 6). Servez tiède ou froid.

L'ASTUCE EN +

Vous pouvez remplacer les abricots par des cerises fraîches ou en boîte (comptez 3 à 4 cerises par pot).

GÂTEAUX DE SEMOULE AU CARAMEL

Pour 8 pots
Préparation : 15 minutes
Cuisson : 20 minutes

INGRÉDIENTS
800 ml de lait entier ou demi-écrémé ; 100 g de semoule fine ; 2 œufs ; 60 g de sucre en poudre ; 2 c. à s. d'extrait de vanille liquide ; 8 c. à s. de caramel liquide.

PRÉPARATION

1. Versez le lait, le sucre, la vanille et la semoule dans une casserole. Faites chauffer à feu doux et laisser cuire pendant 10 minutes environ en remuant sans cesse : le mélange va épaissir.
2. Pendant ce temps, répartissez le caramel dans les pots.
3. Dans un bol, battez les œufs. Ajoutez-les au mélange tiédi. Mélangez et versez dans les pots.
4. Faites cuire 20 minutes dans votre machine (programme dessert lacté). Vous pouvez aussi faire cuire vos gâteaux 20 minutes à la vapeur ou au bain-marie, dans un four préchauffé à 180 °C (th. 6). Servez tiède.

L'ASTUCE EN +

Vous pouvez ajouter quelques raisins secs préalablement réhydratés pendant quelques minutes dans un bol d'eau chaude.

GÂTEAUX AU YAOURT ET AU CITRON

Pour 8 pots
Préparation : 15 minutes
Cuisson : 30 minutes

INGRÉDIENTS
1 pot de yaourt maison ; 3 œufs ; 2 pots ½ de farine ; 1 pot de sucre en poudre ; 1 sachet de sucre vanillé ; ½ sachet de levure chimique ; ½ pot d'huile de tournesol ; 1 citron bio.

PRÉPARATION

1. Lavez, essuyez et zestez le citron.
2. Battez les œufs avec le sucre en poudre et le sucre vanillé jusqu'à ce que le mélange blanchisse. Ajoutez le yaourt, l'huile, la farine et la levure.
3. Versez la préparation dans les pots en les remplissant aux trois-quarts.
4. Faites cuire 30 minutes dans votre machine (programme dessert lacté). Vous pouvez aussi faire cuire vos gâteaux 30 minutes à la vapeur ou au bain-marie, dans un four préchauffé à 180 °C (th. 6). Laissez refroidir à température ambiante jusqu'au moment de servir.

L'ASTUCE EN +

Vous pouvez bien sûr varier la recette en remplaçant les zestes de citron par de la vanille liquide, de l'extrait d'amandes amères, du sirop de fruits rouges... Ou bien en ajoutant des petits morceaux de fruits frais ou secs...

FONDANTS AU CHOCOLAT, CŒUR FRAMBOISE

Pour 8 pots
Préparation : 15 minutes
Cuisson : 15 minutes

INGRÉDIENTS

170 g de chocolat à pâtisser ; 4 œufs ; 80 g de farine ; ½ sachet de levure chimique ; 40 g de sucre ; 30 g de beurre ; 16 framboises fraîches ou surgelées.

PRÉPARATION

1. Faites fondre le chocolat avec le beurre dans une petite casserole.
2. Battez les œufs avec le sucre jusqu'à ce que le mélange blanchisse. Ajoutez le chocolat fondu, la farine et la levure. Mélangez.
3. Versez la préparation dans les pots jusqu'à mi-hauteur. Ajoutez 2 framboises dans chaque pot, et versez par-dessus le reste de pâte.
4. Faites cuire 15 minutes dans votre machine (programme dessert lacté). Vous pouvez aussi faire cuire vos gâteaux 15 minutes à la vapeur ou au bain-marie, dans un four préchauffé à 180 °C (th. 6). Servez tiède.

L'ASTUCE EN +

Hors saison, vous pouvez utiliser des framboises surgelées, ou bien ajouter une cuillère à soupe de confiture de framboises.

Table des matières

Du même auteur, aux éditions Quotidien Malin

Yaourts inratables

Prix : 6 euros
ISBN : 978-2-84899-362-1

Mes petites recettes magiques à la plancha

Prix : 6 euros
ISBN : 978-2-84899-471-0